Roteiro
da Poesia Brasileira

Raízes

Direção
Edla van Steen

Roteiro
da Poesia Brasileira

Seleção e Prefácio
Ivan Teixeira

São Paulo
2008

© Global Editora, 2008

1ª Edição, Global Editora, São Paulo 2008

Diretor Editorial
Jefferson L. Alves

Gerente de Produção
Flávio Samuel

Coordenadora Editorial
Rita de Cássia Sam

Revisão
Rita de Cássia Sam
João Reynaldo de Paiva

Projeto de Capa
Ricardo van Steen – Tempo design

Editoração Eletrônica
Antonio Silvio Lopes

Dados Internacionais de Catalogação na Publicação (CIP)
(Câmara Brasileira do Livro, SP, Brasil)

Raízes / seleção e prefácio Ivan Prado Teixeira ; direção de Edla van Steen. – São Paulo : Global, 2008. – (Coleção Roteiro da Poesia Brasileira).

Bibliografia.
ISBN 978-85-260-1143-4

1. Poesia brasileira – 2. Poesia brasileira – História e crítica I. Teixeira, Ivan. II. Steen, Edla van. III. Série.

08-03238   CDD–869.9109

Índices para catálogo sistemático:

1. Poesia : Literatura brasileira : História e crítica   869.9109

Direitos Reservados

Global Editora e Distribuidora Ltda.

Rua Pirapitingüi, 111 – Liberdade
CEP 01508-020 – São Paulo – SP
Tel.: (11) 3277-7999 – Fax: (11) 3277-8141
e-mail: global@globaleditora.com.br
www.globaleditora.com.br

Colabore com a produção científica e cultural.
Proibida a reprodução total ou parcial desta obra sem a autorização do editor.

Nº de catálogo: **2814**

RAÍZES

José de Anchieta – Bento Teixeira – Gregório de Matos – Manuel Botelho de Oliveira – Sebastião da Rocha Pita – Anastácio Ayres de Penhafiel – Gonçalo Soares da Franca – Frei Manuel de Santa Maria Itaparica

Ivan Teixeira é professor afastado de Literatura Brasileira no Departamento de Jornalismo e Editoração da Escola de Comunicações e Artes da Universidade de São Paulo. Atualmente, leciona na Universidade do Texas em Austin, Estados Unidos, com o título de Lozano Long Professor of Latin American Studies. Sua pesquisa funda-se no estudo histórico e retórico do fenômeno literário, que inclui a investigação do conceito de Poética Cultural e o estudo das Artes Poéticas, particularmente do Período Colonial. Escreveu mais de 120 artigos, entre ensaios em revistas arbitradas e artigos na grande imprensa de São Paulo. Organizou, prefaciou e anotou onze clássicos da literatura brasileira, entre os quais se contam *Música do Parnaso*, de Botelho de Oliveira, *Obras poéticas*, de Basílio da Gama, e *Papéis avulsos*, de Machado de Assis. Possui três capítulos em livros publicados no exterior: Portugal, França e Alemanha. No Brasil, publicou catorze capítulos em livros coletivos. Idealizou e dirige duas coleções de textos clássicos da literatura brasileira e portuguesa, uma para a Editora da Universidade de São Paulo (Multiclássicos) e outra para a Ateliê Editorial (Clássicos Ateliê). Escreveu *Apresentação de Machado de Assis* (Martins Fontes). Seu livro mais importante é *Mecenato pombalino e poesia neoclássica*, editado pela Edusp e Fapesp, o qual recebeu, na categoria Ensaio, o Lasa Book Prize (USA) e o Prêmio Jabuti, em 2000.

RAÍZES

Conceito

O título do presente volume, *Raízes*, escolhido pela Global Editora, apropria-se de uma metáfora de longa tradição na literatura brasileira. Excedendo os limites de figura de estilo, essa imagem pressupõe o conceito segundo o qual a poesia seria uma espécie de organismo vivo, cujo desenvolvimento depende de forças telúricas que se identificam com o subsolo do indivíduo e da cultura que o expressa e em que se espelham reciprocamente. Conforme essa perspectiva, a poesia se deixa entender como manifestação de um sistema espontâneo, em contínuo movimento, rumo a um fim inevitável e necessário: um jardim, uma planta, uma árvore, um galho, uma flor. Apesar de seu inquestionável prestígio histórico e de sua força plurissignificativa, a metáfora pode ser discutida, pois, de certa forma, transfere a poesia do âmbito da cultura, a que de fato pertence, para o âmbito da natureza, com a qual apenas se relaciona de modo indireto.

Se os poemas contidos na presente antologia da Coleção Roteiro da Poesia Brasileira podem ser lidos como *raízes*, os que compõem os demais volumes da série deveriam, em princípio, ser apreciados como algo mais desenvolvido e mais próximo da perfeição. Se a isso conduzisse os argumentos implícitos na metáfora, restaria o consolo, para este volume, de que não existe tronco sem raiz e a idéia de que toda a arquitetura da flor depende não só da geometria do galho, mas, sobretudo, da força das raízes. Esse será, com certeza, um argumento decisivo para a importância dos poemas deste livro. Mesmo assim, talvez não conviesse levar adiante os desdobramentos racionais da metáfora, mas, sim, reconduzir a poesia à esfera da cultura. Nesse sentido, a importância desses textos, como a de quaisquer outros, deveria ser admitida como decorrência de convenções interpretativas, podendo oscilar conforme a força dos argumentos. João Cabral admite que a poesia, partilhando da natureza vegetal do papel, será tão *flor* quanto *fezes*. Diz também que é possível não escrever o poema, sugerindo que o ato criativo não resulta da natureza, mas da vontade, do estudo e da razão (inspirada, imaginosa). Drummond também, embora tenha concebido a poesia como *rosa do povo*, não parece acreditar na noção de que a história da poesia se assemelha ao desenvolvimento de uma planta que, tendo as raízes submersas, vai, inexoravelmente, projetando seu tronco, seus galhos, suas folhas e suas flores no espaço aéreo da visibilidade social. Tal como em Cabral, a poesia em Drummond será antes produto da cultura do que projeção da natureza.

Limitando, portanto, a metáfora do título ao sentido de *origens culturais*, cumpre perguntar: quais são os autores que representam as raízes mais remotas da poesia brasileira? Serão, basicamente, dois poetas estrangeiros do século XVI: o espanhol José de Anchieta e o português Bento Teixeira. Depois, no século XVII e no começo do XVIII, viriam alguns poetas nascidos no Brasil e formados na Europa, como Manuel Botelho de Oliveira, Gregório de Matos, alguns membros da Academia dos Esquecidos, da Academia dos Renascidos e Frei Manuel de Santa Maria Itaparica, este nascido e formado no Brasil. Participando do processo de transplante da cultura européia para o território americano, tais poetas produziram versos como forma de organização social e de inclusão do Novo Mundo aos padrões do conhecimento europeu. Geograficamente, prendiam-se aos centros mais ativos da colonização portuguesa, que eram Pernambuco, Bahia, São Paulo e Espírito Santo. Do ponto de vista estilístico, costuma ser aplicada a eles a designação de Maneirismo e Barroco, não faltando a subclassificação de Conceptismo e Cultismo. Sem dúvida, tais poetas participaram da poética cultural do Renascimento e da Contra-Reforma, mas, considerando que a noção de Maneirismo e Barroco foram criadas *a posteriori*, já no século XIX, preferiu-se, aqui, suspender a adoção passiva dessa nomenclatura.

Como se sabe, nesses tempos remotos, a poesia integrava-se à funcionalidade das coisas na vida das pessoas letradas, podendo se aplicar ao ensino da agricultura, à catequese, à manutenção da hierarquia do Estado, ao louvor das armas, à crítica do mau uso de cargos e instituições, à investigação metafísica, ao aprimoramento das aptidões místicas ou ao conhecimento do amor, sem se classificar com nomes que pudessem, talvez, ocultar a especificidade da prática singular de cada autor. Por isso, o critério mais adequado ao estudo de poetas como esses talvez fosse o método histórico ou arqueológico, entendido como conjunto de noções e princípios voltados para a tentativa de resgate e de conhecimento das condições específicas dos discursos sociais de que os textos poéticos eram variantes. Como se sabe, na América espanhola havia, desde o século XVI, imprensa e universidade. Não assim no Brasil, que teve de se apoiar nas regras da comunicação manuscrita para promover a integração social. Poucos autores nascidos no Brasil publicaram livros até 1750, o que, efetivamente, não impediu a integração social por meio das Letras, tal como se observa com a produção atribuída a Gregório de Matos, que circulou em manuscritos durante a vida e muitos anos após a morte do autor. Nesse sentido, as academias literárias merecem especial atenção, pois desempenharam a função de centros de estudo e de divulgação do saber, conforme os padrões das sociedades sem imprensa.

Sutileza & devoção

Embora menos estudados do que os dramáticos, os poemas líricos de Anchieta possuem também vivo interesse. Geralmente em versos redondilhos, recuperam a tradição medieval do estilo humilde da oração devota, podendo assumir o aspecto de reflexão mística, de conversa com Deus ou de virtuosismo técnico para encantar o juízo do leitor. Por outro lado, apropriam-se de técnicas retóricas do Renascimento peninsular, tal como as observadas no *Cancioneiro geral* (1516), de Garcia de Resende. Em face da oposição luterana à contemplação de imagens e de outras relíquias católicas, a construção ficcional de Anchieta simula uma voz piedosa que reafirma o amor e a integração dos fiéis com os sacramentos, com os santos, com a hierarquia administrativa e com outros símbolos da Igreja de Roma. O mais conhecido de seus textos de reafirmação das convicções católicas talvez seja *Do Santíssimo Sacramento*, que enleva tanto pelo ritmo quanto pela sutileza conceitual. Do ponto de vista atual, será também dos melhores. Compõe-se de 47 quadras de elogio à hóstia. Apesar da aparente singeleza formal, trata-se de uma peça de sofisticada astúcia retórica, cujo entendimento pressupõe a percepção do jogo entre a aparente uniformidade do todo e a variedade minuciosa das partes. Em síntese algo limitadora, poder-se-ia dizer que o poema procura revelar com palavras o sentido místico da hóstia, que, sendo pão, será também carne, sangue, vinho, fogo, doce, cordeiro, morte, vida, espírito, corpo, homem e Deus. Sendo infinita, far-se-á pequena para caber nos corações. Sendo vária e múltipla, não mudará jamais. Cada estrofe constrói uma face diferente desse corpo místico e inexplicável que, todavia, pode se entender também como construção lógica do espírito. Em súbitos atos do juízo com fantasia, mas que se pretendia juízo sem fantasia, a voz retórica observa a hóstia do ponto de vista conceitual das dez categorias ou predicamentos de Aristóteles, que são: substância, qualidade, quantidade, relação, ação, paixão, lugar, modo, duração e hábito. Observe-se a penúltima estrofe. Nela, o paradoxo quinhentista se alia ao uso sutil dos tempos verbais para a produção do efeito de maravilha a partir do jogo entre a noção de *substância* da hóstia e do fiel:

> Pois não vivo sem comer,
> Coma a vós, em vós vivendo,
> Viva em vós, a vós comendo,
> doce amor.

Como se vê, os procedimentos técnicos dessa poesia mística são os mesmos observados na lírica profana do período. O que importa é que eles asseguram o efeito de maravilha poética, que também pode passar por encantamento místico. Em pequena extensão, a estrofe surpreende pela agilidade vocabular. Os versos do meio, dispostos em simétrica divisão, se espelham por força da repetição invertida (quiasmo), produzindo a labiríntica ilusão de reciprocidade entre criador e criatura, sendo que o menor devora o maior e se redime no ato da agressão consentida. O verso inicial, disseminando os verbos *viver* e *comer*, projeta-se no último, cujo vocábulo mais forte, *amor*, recolhe todas as nuanças disseminadas no corpo da estrofe.

Assim como essa estrofe, o poema constrói-se com o apoio dos cinco sentidos, conduzidos pelo engenho e pela agudeza. Todavia, sua lógica preserva a retidão do juízo. Nessa acepção, seria possível ler o poema, assim como outros da mesma espécie em Anchieta, não propriamente como paródia das 95 teses de Lutero, mas talvez como apropriação de seu modelo enumerativo. Como se sabe, o núcleo semântico das teses luteranas consiste em negar a hipótese da redenção pelos sacramentos em geral e pelas cartas de indulgência em particular. A partir desse centro, o documento expande-se em explorações reiterativas da idéia central, intensificando gradativamente o teor de negação das premissas salvacionistas da Igreja de Roma. Parece aceitável supor que o poema de Anchieta, em que domina o movimento ascendente de confirmação do poder da hóstia como instrumento de salvação, siga a estrutura argumentativa das teses luteranas, cujo modelo, por sua vez, observa a tradição dos documentos teológicos medievais. Como se sabe, a segunda tese luterana, exaltando a necessidade de penitência, nega que esta possa ser sacramental, interditando a confissão e o ministério dos sacerdotes. Contra essa suposta heresia, a voz poética de Anchieta contra-argumenta no mesmo tom aforístico do reformador, sublimando reiteradamente o poder divino da hóstia e a necessidade da confissão.

Devoção alegórica

Adotando as mesmas tópicas argumentativas da poesia lírica, os poemas dramáticos de Anchieta reafirmam a idéia de que sua poesia excede o zelo usual do devoto, devendo entender-se, antes, como a voz agônica de quem enfrenta a crise dos próprios valores. Todavia, não será talvez crise de consciência, mas crise política, que possui um correlato teológico e doutrinário, manifesto na contínua afirmação retórica das convicções, cuja completude depende da adesão do leitor ou do ouvinte. Assim, o autor filia-se à tradição alegórica do teatro medieval de Gil Vicente para veicular matérias pertencentes ao corpo doutrinário da Companhia de Jesus, aplicando-as tanto à catequese dos índios quanto ao ensinamento dos colonos do Brasil. Dando continuidade à tradição ibérica do início do século XVI, o teatro anchietano adota a forma do auto, entendido como teatro poético com pouca ação e muita concentração semântica.

Quando, no Espírito Santo, se recebeu uma relíquia das onze mil virgens, como os demais autos de Anchieta, mimetiza uma celebração religiosa, cuja função era congregar a platéia, supostamente constituída por índios, colonos, marinheiros, aventureiros e comerciantes. Esse auto, em particular, celebra a chegada da imagem de santa Úrsula à vila de Vitória, no Espírito Santo. Ao lado de são Maurício e são Vital, ela tornar-se-ia padroeira da cidade. Como se sabe, santa Úrsula era filha de reis britânicos no século IV. Destinada a casar-se com um nobre pagão, a jovem, acompanhada de onze mil virgens, fugiu num navio para o continente. Chegando à Alemanha, todas foram sacrificadas por hereges, exceto Úrsula, que, tendo atraído a atenção de Átila, rei dos hunos, foi sacrificada por causa de sua insistência em manter a castidade. Na encenação teatral da chegada de sua imagem ao Espírito Santo, o demônio, temendo perder o poder sobre a população, empenha-se em proibir a entrada da santa. Em aguda oposição verbal, um anjo vence a resistência do demônio. Após a derrota deste, a própria vila de Vitória produz um discurso de boas-vindas à imagem sagrada. Em seguida, são Maurício e são Vital, que foram guerreiros em vida, apóiam a entrada de Úrsula, que profere um discurso incitando os portugueses a se opor aos avanços da pirataria protestante.

Poesia & colonização

A poesia de Anchieta escrita em português dá conta, sobretudo, do aspecto religioso da colonização. Bento Teixeira produzirá um discurso poético concentrado na dimensão propriamente política e cultural do processo, com ênfase nos valores mais bélicos e heróicos do que teológicos, embora tais elementos fossem, na época, faces diversas da mesma questão. Se o *Auto de santa Úrsula* encena a consolidação da opção católica no sul do Brasil, *Prosopopéia*, de Bento Teixeira, tematiza o êxito português no Nordeste, narrando, em particular, o surgimento e a prosperidade da capitania de Pernambuco.[1]

Conforme o discurso histórico sobre os primeiros tempos do país, Pernambuco foi a capitania a dar as maiores mostras de prosperidade econômica e vigor administrativo, conferindo um mínimo de alento ao gigantesco projeto colonizador de Dom João III, posto em prática entre 1534 e 1536. Ali, Duarte Coelho Pereira, o

---

1 Depois de séculos de incompreensão crítica, atualmente *Prosopopéia* vem recebendo a devida atenção dos estudiosos. No século XX, o primeiro passo decisivo é a edição de Celso Cunha e Carlos Duval, Rio de Janeiro: MEC/INL, 1972. Depois, o competente estudo de J. Galante de Sousa, *Em torno do poeta Bento Teixeira*, São Paulo: IEB, 1972. Mais recentemente, Milton Marques Júnior, Fabrício Possebon e Juvino Alves Maia prepararam ótima edição comentada do poema: João Pessoa, Idéia Editora Universitária (Universidade Estadual da Paraíba), 2004. O último texto que conheço nesse processo de revisão crítica é o ensaio "Louvor e história em *Prosopopéia*", de Marcello Moreira, em *Épicos*, São Paulo: Edusp, 2008, Coleção Multiclássicos. A interpretação contida no presente estudo sintetiza noções que, em 2002-03, desenvolvi com alunos estrangeiros no programa de pós-graduação em Literatura Brasileira, no Departamento de Espanhol e Português da Universidade do Texas em Austin.

primeiro donatário – que fora navegador e soldado português com experiência na Índia, na África e nas ilhas do Atlântico –, fundou a cidade de Olinda, importou escravos e estabeleceu engenhos de açúcar. A capitania, também chamada Nova Lusitânia, não terá desenvolvido, por certo, uma sociedade exclusivamente preocupada com a posse e o cultivo da terra, nem só com a produção e o comércio do açúcar. Ao contrário, esse núcleo populacional deve ter ocasionado uma espécie de vida cortesã com bastante complexidade cultural, pois daí surgiu, no mínimo, um livro muito interessante, que – editado em Lisboa, em 1601 – reunia dois textos interligados pela matéria: *Naufrágio que passou Jorge de Albuquerque Coelho, capitão e governador de Pernambuco*, escrito em prosa por Afonso Luís Piloto; e *Prosopopéia, dirigida a Jorge de Albuquerque Coelho, capitão e governador de Pernambuco, Nova Lusitânia etc.*, escrito em versos por Bento Teixeira.

Prosopopéia celebra o surgimento e a expansão de Olinda, a partir do elogio da família do primeiro donatário da capitania de Pernambuco. Assim, o poema apresenta breves traços da ação colonizadora de Duarte Coelho Pereira; de sua esposa, Brites de Albuquerque (Beatriz, no poema); de seu cunhado, Jerônimo de Albuquerque; e, sobretudo, dos filhos do casal, respectivamente, segundo e terceiro donatário da mesma capitania: Duarte Coelho de Albuquerque e Jorge de Albuquerque Coelho. Vista de hoje, *Prosopopéia* poderá ser lida como poema histórico sobre a fundação do Brasil, desde que se entenda que a voz narrativa do texto é, em certo sentido, particularista e se refere ao principal espaço de sua ação apenas como Pernambuco, "das partes do Brasil", tomado sempre como projeção do braço lusitano na América. O motivo condutor da ação épica será a noção de família, de império, de bravura, de vassalagem e de religião.

Em nome desses princípios, intrinsecamente unificados na idéia de serviço ao Rei, entendido como cabeça que harmoniza e orienta os membros do corpo do Estado, Duarte Coelho Pereira deixa os centros ilustrados da Metrópole e se aventura às terras do

Brasil, com o propósito de as incluir nos domínios civilizados do reino português e da religião católica. Acompanhado da esposa e do cunhado, o nobre aventureiro se entrega à manutenção e à ampliação das terras portuguesas no Brasil, defendendo-as dos ataques de europeus protestantes vindos da França e tomando-as dos índios nativos do interior da capitania. Embora a ternura e a incorporação pacífica do território e do indígena sejam o princípio abstrato e confesso da ação colonizadora, a violência, a destruição, a matança e a firmeza na arte da guerra serão os motivos de presumível glória e permanência de Duarte Coelho e de sua família, a qual se constitui no verdadeiro objeto de exaltação épica da *Prosopopéia*.

Ambos os filhos, dominados pelo mesmo espírito de serviço à Coroa, consolidam os trabalhos do pai em Pernambuco, estabelecendo o que então se entendia por paz e prosperidade nos domínios da capitania. Depois, viajam a Portugal e, ainda a serviço da Coroa, encaminham-se ao norte da África, onde lutam ao lado de D. Sebastião, em Alcácer Quibir, no lendário ano de 1578. Jorge de Albuquerque, elevado a objeto central do canto, sobreviverá a dois incidentes de relevo decisivo no argumento heróico: em sua viagem para Portugal, sofrerá naufrágio muito bem singularizado pela ficção do texto; na África, em meio às canseiras e feridas da batalha, ajudará o próprio rei, oferecendo-lhe seu cavalo para que, com o soberano, não se perca a pátria. Em ambas as ocasiões, Jorge de Albuquerque, sobrepondo a necessidade da palavra ao desconforto do combate, produz falas e ações que o transformam, pela perspectiva do texto, em guerreiro não só forte e corajoso, mas também sábio, prudente, fiel e equilibrado. Tanto a constituição íntima das estrofes quanto a escolha das tópicas e a conseqüente articulação desses episódios com os modelos da tradição épica não deixam dúvida quanto à necessidade do exame do valor artístico de *Prosopopéia*. Em situação retórica de *desengaño*, Duarte Coelho de Albuquerque morrerá prisioneiro dos árabes, dando ocasião a que o irmão mais novo o substituísse no governo de Pernambuco.

Apropriação de estilos

Imaginando que todo livro depende de uma base interdiscursiva com a qual dialoga, *Prosopopéia* e o *Naufrágio* fazem supor a existência de relatos homólogos e artefatos semelhantes no mesmo ambiente cultural. A publicação conjunta já demonstra a premissa, pois os dois textos, que não deveriam ser dissociados, apresentam-se como variações do mesmo assunto, sendo certo que aludem a outras narrativas, com existência prévia, que tanto podem ser casos orais quanto objetos simbólicos associados à guerra, a viagens, à família ou à religião, como ex-votos, pinturas, gravuras ou outra forma de representação do discurso cultural da época. O mínimo que se pode dizer de *Prosopopéia* é que seu texto interessa por inúmeras razões. A primeira delas é a estilização das convicções de seu tempo, um tanto rude e desconfortável aos olhos do presente e que se entremostra nas linhas de sua bizarra estrutura artística, observando-se nos versos, nas expressões, nos ritmos, nas imagens, nas tópicas, nas apropriações e na narrativa truncada e alusiva de seu texto. Pela perspectiva do presente ensaio, o poema não deverá ser lido como documento social, mas como parte do discurso do tempo, cuja voz se compõe da multiplicidade das vozes individuais, todas marcadas tanto por traços da possível singularidade dos diversos autores quanto pela inevitável generalidade das estruturas de comunicação com as quais a arte mantém relações de troca e intercâmbio.

Nesse sentido, o primeiro nome que ocorre é *Os lusíadas*, com o qual Bento Teixeira mantém singularíssimos vínculos de emulação artística. Seu texto só produzirá sentido literário se for apreciado como derivação paródica do poema de Camões, porque foi, de fato, concebido como uma espécie de prolongamento ou apêndice daquele, conforme se demonstrará adiante. Apresenta-se como acréscimo ao grande discurso da expansão européia. *Prosopopéia* pretende, assim, legitimar a fundação de Pernambuco, pondo em relevo, por meio da arte, a existência de sua história na história do Império lusitano. Diante da consciência de que a narrativa heróica da família do primeiro donatário requeria um vínculo enobrecedor com as fontes mais sublimes da tradição artística do idioma português, Bento Teixeira não poderia senão escrever à maneira de Camões, o que em nada diminui as propriedades específicas de seu texto. Tal como Góngora na Espanha e outros escritores de outros períodos em outras literaturas, Camões não escreveu apenas uma ou duas grandes obras. Ao contrário, ele criou um código, inventou uma linguagem que se anexou ao repertório comum da língua portuguesa, a que recorrem escritores de todos os tempos, não só para tirar proveito dessa estrutura, mas também para alargar seus horizontes e dinamizar sua interação com os falantes do português. Pela perspectiva de Michael Foucault, pode-se dizer que Camões é um fundador de discursividade, noção que favorece o entendimento de autores como Bento Teixeira.

Por outro lado, no século XVI, uma das funções das grandes obras de arte era oferecer matrizes para outras obras, geralmente menores, cuja feitura pudesse gerar vínculos entre diferentes instâncias de um mesmo grupo intelectual. Conforme essa norma de circulação da energia dos signos do tempo, um texto de matéria brasileira, desde que estruturado de acordo com os padrões internacionais da arte européia, poderia desencadear efeitos agregadores nos centros letrados de Portugal, divulgando a notícia de que, nas terras longínquas da América, cintilava o mesmo espírito continental da nobreza lusitana e as mesmas supostas verdades essenciais do cristianismo. Sem atingirem a condição de paradoxo, tanto as tópicas associadas à história de Portugal quanto as derivadas da expansão do cristianismo dependiam, na época de Bento Teixeira, da história e dos mitos gregos e romanos, visceralmente incorporados ao discurso do poeta, tal como se percebe já no prólogo em prosa ou nas duas estrofes iniciais, nas quais se concentram a proposição e a invocação do poema:

I

Cantem poetas o poder romano,
Submetendo nações ao jugo duro;
O Mantuano pinte o Rei Troiano,
Descendo à confusão do reino escuro;
Que eu canto um Albuquerque soberano,
Da fé, da cara pátria firme muro,
Cujo valor e ser, que o céu lhe inspira,
Pode estancar a lácia e grega lira.

II

As délficas irmãs chamar não quero,
Que tal invocação é vão estudo;
Aquele chamo só de quem espero
A vida que se espera em fim de tudo.
Ele fará meu verso tão sincero
Quanto fora sem ele tosco e rudo,
Que por razão negar não deve o menos
Quem deu o mais a míseros terrenos.

Apropriando-se de um argumento adotado por Camões na estrofe III do canto I de *Os lusíadas*, as duas primeiras estrofes de *Prosopopéia* afirmam que a escolha temática dos poetas antigos não foi tão boa quanto a dos modernos. Sendo pagãos, eles não poderiam atingir a verdade e, por isso, escreveram sobre matéria falaciosa. Lucano, na *Farsália*, louvou o *poder romano*, ao narrar as guerras de Júlio César. Virgílio, natural de Mântua, narrou, na *Eneida*, a descida de Enéias (*Rei Troiano*) aos infernos (*reino escuro*). Atendo-se a verdades essenciais, o canto que se inicia falará de Jorge de Albuquerque Coelho, defensor da pátria e da fé cristã, cuja força (*valor*) e caráter (*ser*), vindos de Deus (*o Céu lhe inspira*), superam os assuntos da poesia grega e romana (*lácia e grega lira*), representada por Virgílio e Homero. Na segunda estrofe, a voz épica afirma que não invocará as musas do Parnaso, situado em Delfos (*délficas irmãs*), porque isso seria propósito inútil (*vão estudo*). Pedirá, ao contrário, inspiração a Cristo (*Aquele*), de quem decorre a vida eterna. Com o pensamento em Cristo, o poema resultará tão autêntico quanto sem ele seria bárbaro (*tosco e rudo*). Por fim, nos dois últimos versos, a voz épica diz que deixará as musas por Cristo, porque é lógico (*por razão*) que o ente menor (*o menos, míseros terrenos*) não deve renegar (*negar*) quem lhe deu a salvação e o sentido da vida (*o mais*).

Mitologia & civilização

Em sentido amplo, as estrofes iniciais de *Prosopopéia* dizem que o poema será presidido por ânimo novo, e não antigo. A principal razão dessa novidade consiste em que será cristão sem abandonar a tradição pagã, incorporada nessas estrofes por meio da preterição, que nega como meio de afirmar. Tal como se observa com o modelo de *Os lusíadas*, *Prosopopéia* possui um plano histórico e outro mítico, perfeitamente integrados pela imaginação do texto. Depois de seis estrofes introdutórias (proposição, invocação e dedicatória), a narrativa abre-se por um monumental concílio de divindades marinhas: convocados por Tritão, enorme quantidade de deuses reúne-se à entrada do porto de Olinda, no "Recife de Pernambuco", entre os quais se contam Netuno, Proteu, Nereu, Tétis e as nereidas. Estando todos em silêncio, Proteu narra aos companheiros a futura colonização de Pernambuco e a vida de seus donatários, cujos núcleos metonímicos se esboçaram anteriormente. A incorporação da mitologia atribui admirável estrutura ficcional ao poema, pois a participação dos deuses não apenas emoldura a matéria histórica, como também lhe oferece o próprio narrador, o que eleva o texto a consideráveis níveis de complexidade semântica, muito acima do que tem suposto a média das poucas leituras que se fizerem dele. Assim, depois de recusar apoio das musas ou de qualquer entidade mitológica, o narrador, sendo um deus pagão, invoca o Deus cristão e exalta a essência do cristianismo no processo da expansão histórica dos portugueses. Como se sabe, essa será uma dualidade típica de boa parte da arte quinhentista européia e consiste, em particular, numa das linhas de força de *Os lusíadas*, principalmente no episódio das ilhas dos Amores, de onde Bento Teixeira extraiu a tópica de um deus pagão elogiar o Deus cristão.

Prosopopéia será camoniana, não apenas pela imitação calculada do estilo épico de Camões, genericamente concebido, mas sobretudo pela relação de dependência sintagmática que mantém com um episódio específico de *Os lusíadas*. Segundo a hipótese de leitura do presente ensaio, Bento Teixeira teria escrito *Prosopopéia* como variação imaginosa do Concílio dos Deuses Marinhos de *Os lusíadas*, que ocupa as estrofes 7-30 do canto VI do poema. Como se sabe, ali Baco desce ao fundo do mar e incita Netuno a provocar uma tempestade contra a frota portuguesa, então bastante próxima do final de sua viagem. Por meio de Tritão, o deus do mar convoca toda sua corte para deliberar sobre o pedido do deus do vinho. Após o concílio, ocorre a tempestade, mas os portugueses conseguem evitar a destruição. Se em Camões o concílio integra uma pequena parte do poema, em Bento Teixeira o concílio correspondente será suporte para praticamente todo o texto, que consiste em um só canto e cuja extensão (94 oitavas decassilábicas) terá exatamente o número médio dos dez cantos de *Os lusíadas*. Na *Prosopopéia*, ficam fora do concílio apenas as seis estrofes da introdução e a última do epílogo. A intenção emulativa de Bento Teixeira é tão evidente que o poeta faz questão de mencionar explicitamente o nome do modelo, em texto que nenhum outro artista é mencionado. Observem-se as estrofes em que ocorre o encontro crucial dos textos, ambas igualmente destinadas ao retrato de Tritão:

> Os cabelos da barba e os que descem
> Da cabeça nos ombros, todos eram
> Uns limos prenhes de água e bem parecem
> Que nunca brando pente conheceram.
> Nas pontas, pendurados, não falecem
> Os negros mexilhões que ali se geram.
> Na cabeça, por gorra, tinha posta
> Uma mui grande casca de lagosta.

> (*Os lusíadas*, VI, 17)

Quando ao longo da praia, cuja areia
É de marinhas aves estampada,
E de encrespadas conchas mil se arreia,
Assim de cor azul como rosada,
Do mar cortando a prateada veia
Vinha Tritão em cola duplicada,
Não lhe vi na cabeça casca posta
(Como Camões descreve) de lagosta.

(*Prosopopéia*, 10)

Viu-se acima que Proteu, atendendo ao chamado de Tritão, participa do concílio marinho e, aí, tomando a palavra, converte-se no narrador da *Prosopopéia*, que, do ponto de vista estrutural, só pode ser entendida como uma profecia de Proteu. É possível supor, portanto, que Bento Teixeira pretendeu compor em seu poema o canto que Proteu deixou de proferir no episódio de Camões, pois aí, querendo falar, o deus multiforme cala-se, dissimulando o receio de tomar, contra todos, o partido dos portugueses na assembléia marítima, tal como se observa na estrofe 36 do canto VI de *Os lusíadas*:

Bem quisera primeiro ali Proteu
Dizer, neste negócio, o que sentia;
E, segundo o que a todos pareceu,
Era alguma profunda profecia.
Porém tanto o tumulto se moveu,
Súbito, na divina companhia,
Que Tétis, indignada, lhe bradou:
"Netuno sabe bem o que mandou".

Se, na ficção camoniana, Proteu calou a "profunda profecia" em favor dos portugueses, tirará desforra na *Prosopopéia*, pois aqui solta a voz em contínuo e aberto elogio ao suposto valor lusitano, encarnado em gente aclimatada ou nascida no Brasil. O contraponto dos pormenores ganha importância quando visto pelo prisma da teoria da construção, pois corresponde ao processo de emulação paródica – sem a ironia moderna, evidentemente. Observando o comportamento de Netuno em Camões, Bento Teixeira fará o supremo deus dos mares conspirar contra os portugueses, pois Jorge de Albuquerque sofrerá naufrágio de grandes proporções (estrofes 43-68). Todavia, sendo o deus dos mares – em sua simbologia geral, favorável aos lusitanos –, a voz épica da *Prosopopéia* o fará redimir-se da tempestade imposta ao colonizador brasileiro, manifestando-se da seguinte maneira, logo após a profecia de Proteu, na penúltima estrofe do poema:

> Assim diz e, com alta majestade,
> O rei do salso reino ali falando,
> Diz: Em satisfação da tempestade
> Que mandei a Albuquerque venerando,
> Pretendo que a mortal posteridade
> Com hinos o ande sempre sublimando,
> Quando vir que por ti o foi primeiro,
> Com fatídico espírito verdadeiro.

As motivações de Vulcano em *Prosopopéia* decorrem também de emulação específica com *Os lusíadas*. Na ficção histórica de Pernambuco, o deus do fogo é concebido como ancestral dos índios brasileiros. Assim, tal como Baco, por temer que os portugueses suplantassem sua fama na Índia, procura impedir o sucesso da viagem de Vasco da Gama, Vulcano, na *Prosopopéia*, incita Netuno contra Jorge de Albuquerque Coelho, por duas razões: primeiro, por este haver se notabilizado na guerra contra seus descendentes no Brasil; depois, porque, associando o colonizador português ao deus da guerra, pretende vingar-se do adultério de Marte com Vênus, sua esposa. Assim, Bento Teixeira alça a história brasílica ao nível da européia não só pelo louvor à cristianização do aborígine, mas também pela ligação da América com o discurso artístico do Quinhentismo e com a narratividade dos mitos pagãos da Antigüidade greco-romana.

Engenho & agudeza

Viu-se anteriormente que a poesia praticada no Brasil na época da constituição de suas *raízes* é associada ao Barroco, nome com que os séculos XIX e XX designavam a arte seiscentista, com manifestações na música, pintura, arquitetura e escultura. Atualmente, esse termo vem sendo evitado, pois pressupõe uma unidade estilística que, de fato, nunca existiu. Embora tenha, no passado, integrado o repertório de certa vanguarda crítica, tal categoria, tendo sido inventada para descrever configurações artísticas de outro momento que não o seu, é hoje considerada projeção de uma visão idealista da história e da arte.[2] De fato, revelando mais de sua condição como categoria de análise do que a do objeto a que se propõe, ela praticamente desconsidera o vocabulário crítico e a doutrina artística da época de produção da obra de arte, em favor de princípios e noções da época do observador. Não obstante, os séculos XVI e XVII produziram inúmeros tratados sobre sua arte. Em literatura, os seiscentistas consideravam-se usuários do estilo agudo ou engenhoso, conforme se pode observar nas preceptivas do tempo, entre as quais se destacam: *Arte de agudeza y engenho* (1648), de Baltasar Gracián; *Il cannocchiale aristotélico* (1654), de Emanuel Tesauro; e *A nova arte de conceitos* (1718-1721), de Francisco Leitão Ferreira. De qualquer forma, o que tem sido chamado de arte barroca apropriava-se do discurso cultural, teológico e político da Contra-Reforma, da Companhia de Jesus e da Santa Inquisição.

---

2   Para essa e outras questões abordadas nessa unidade da presente introdução, consultar João Adolfo Hansen, "Barroco, neobarroco e outras ruínas", em *Floema: caderno de teoria e história literária. Especial João Adolfo Hansen.* Departamento de Estudos Lingüísticos e Literários. Vitória da Conquista: Universidade Estadual do Sudoeste da Bahia, 2006. p. 15-84. Imprescindível será também a consulta de: *Poesia seiscentista*, organização de Alcir Pécora e introdução de João Adolfo Hansen. São Paulo: Hedra, 2002; e *Poesia barroca*, Introdução, seleção e notas de Péricles Eugênio da Silva Ramos. 2. ed. São Paulo: Melhoramentos, 1977.

A agudeza e o engenho, sendo categorias importantes nos tratados seiscentistas, embora existam como procedimento poético desde a Antigüidade, ajustam-se à descrição histórica da poesia atribuída a Gregório, bem como à de Botelho, à dos acadêmicos e, em menor proporção, à de Anchieta e Bento Teixeira. Entendido como causa eficiente da agudeza, o engenho é a força com que o entendimento ou juízo seleciona, une ou separa as propriedades da matéria poética, estabelecendo, portanto, relações de semelhança ou de diferença entre as partes dos argumentos. Considerado virtude natural do entendimento, o engenho sujeita-se ao aprimoramento por exercício, apoiando-se em variações de sua força, como a sutileza, a perspicácia, a destreza e a argúcia.[3] Também designada conceito, a agudeza explica-se como imagem resultante da aplicação consciente do engenho. Não se deixa definir em termos absolutos, podendo assumir as mais variadas formas, como a metáfora, o paradoxo, o trocadilho, o equívoco sonoro e o silogismo sutil, entre outras. Nos termos de Tesauro, agudeza será uma fala figurada com significação engenhosa.[4] Cícero afirma que a agudeza é o gesto da frase, querendo dizer com isso que ela atribui visibilidade à abstração do conceito.[5]

Sebastião da Rocha Pita, Acadêmico Vago entre os membros da Academia Brasílica dos Esquecidos, possui um conjunto de poemas em que se percebe filiação explícita ao conceito de engenho e de agudeza, entendidos como componentes da discursividade poética do tempo. Em louvor ao secretário da instituição, solicita que seus membros sejam providos "da agudeza e seus efeitos". Referindo-se aos futuros poemas que se comporiam na Bahia, escreve:

---

3   Francisco Leitão Ferreira. *Nova arte de conceitos*. Oficina de Antônio Pedroso Galram, Lisboa Ocidental, vol. I, p. 125-27.

4   *Cannocchiale aristotélico*. Emanuele Tesauro. Traduzido para o espanhol por Fr. Miguel De Sequeyros. Madri, por Antonio Marin, 1741, vol. I, p. 105.

5   *Cannocchiale aristotélico*, Emanuele Tesauro, edição citada, vol. I, p. 4-6.

Pois não hão de faltar aos seus desenhos
Suavidade na Pátria da doçura,
Agudeza na terra dos Engenhos.

Essa será uma alusão à doutrina da agudeza, mas nem por isso menos sutil. Evidentemente, Rocha Pita aplica os preceitos preconizados nos próprios poemas, compondo inúmeros equívocos agudos, tal como se percebe no jogo efetuado entre a perífrase *de lírio* e o substantivo *delírio*, posto em cena na seguinte estrofe, que produz bom efeito no conjunto do texto, também transcrito na presente antologia:

Em um quadro de flores,
Tal paroxismo
Morte foi de Jasmim
Ou é delírio.

Da mesma forma, o engenho seiscentista pode ser observado na situação instaurada pela seguinte estrofe, extraída de um soneto atribuído a Gregório de Matos:

Rubi, concha de perlas peregrina,
Animado Cristal, viva escarlata,
Duas safiras sobre lisa prata,
Ouro encrespado sobre prata fina.

A agudeza central consiste no acúmulo intencional de lugares-comuns do retrato feminino posto em prática por Góngora, em cujo código *rubi* será metáfora de lábios; *pérolas* serão dentes; *cristal*, pele; *safiras*, olhos; *prata*, pele; *ouro*, cabelo. É comum na poesia gregoriana, e também na de Botelho, a aplicação desse código metafórico para a descrição da mulher, cuja beleza tanto mais se eleva quanto mais a aparência dela se associa a elementos raros e valiosos da natureza. Por outro lado, tanto mais sutil e artificiosa a trama do elogio, mais elevada a condição do retrato. Nesse sentido, merece destaque o segundo verso da estrofe, em que a indústria (*escarlata* =

tecido vermelho) se funde com a natureza para atribuir vivacidade ao encanto colorido da mulher: *animado Cristal, viva escarlata*. Por ser muito clara na pele e fria nos amores, a mulher desse verso será cristal que anda e sente; por possuir lábios e faces rosadas, será tecido vermelho com vida. Como se vê, a imagem pretende produzir o efeito de brilho colorido e frieza vivaz. Além disso, a estrofe torna-se tanto mais engenhosa quanto mais se percebe nela o tom de ironia paródica contra o estilo gongórico, marcado por procedimentos eruditos (*culteranias*), que a tradição gregoriana imita tanto no modo sublime quanto no jocoso. Baseado na equivocidade entre aparência e essência, esse soneto funde ambos os modos até o verso final, em que se revela a dominante irônica pela súbita inclusão de um palavrão de uso popular, produzindo o inesperado choque entre o estilo elevado da lírica e o tom rebaixado da sátira.

Gênero demonstrativo

A obra poética atribuída a Gregório de Matos – cerca de 716 poemas – inclui variada espécie de assuntos, de registros e de tons, mas pode, do ponto de vista retórico, ser incluída em um só gênero de discurso, o epidítico ou demonstrativo, que se manifesta igualmente na sátira e na lírica. Aristóteles define o demonstrativo como aquele tipo de elocução que trata de matéria extraída da vida presente e cuja função é obter o aplauso do ouvinte, em vez de tentar convencê-lo a tomar uma atitude prática, como é o caso do discurso judicial, que procura convencer o juiz a condenar o réu, e do discurso deliberativo, que busca persuadir alguém a votar num candidato ou numa lei. O gênero demonstrativo oferece o manancial retórico tanto para o elogio (lírico) quanto para o vitupério (sátira). Em ambos os casos, o texto chama a atenção para a eficiência construtiva do enunciado, pondo em relevo também o objeto exaltado ou rebaixado. A sátira gregoriana consiste em zombarias contra pessoas e instituições da Bahia seiscentista, consubstanciando-se igualmente em imitações grotescas da intimidade sexual. A poesia lírica tematiza o amor, a religião e a existência, podendo ainda exaltar atitudes modelares ou posições elevadas na hierarquia social. O público, nesses casos, aprecia a encenação poética do elogio, da denúncia ou da reflexão, aplaudindo a eficácia do texto e aprendendo com o exemplo representado.

A função da sátira é denunciar o vício e provocar o riso. Nos poemas atribuídos a Gregório, a voz satírica apropria-se de processos e tópicas da tradição européia (Juvenal, cantigas medievais, *Siglo de oro* espanhol), aplicando-os a matérias locais, que se dividem em tantos assuntos quantos eram os discursos coletivos sobre a cidade da Bahia, seus administradores, sua população e seus vícios. A sátira será tanto melhor quanto mais associar seu objeto a elementos degradados da natureza, integrados ao código poético do tempo, tal como se observa com os governadores da Bahia, aos quais a musa praguejadora dedicou muita atenção. Sousa de Meneses será *burro* e inferior à *pulga*, ao *mosquito* e à *rã*. Seu nariz se esparrama pelo rosto para evitar o mau cheiro que sai da boca. Antônio Luís da Câmara Coutinho terá nariz de tucano e pés de pato. Nesses casos, a agudeza engenhosa, por meio de relações inesperadas, produz o grotesco e o ridículo. Mas pode manifestar-se, igualmente, por procedimentos sintáticos, cuja feição mais típica será a sutileza que consiste na disseminação de vocábulos ao longo do texto e sua recolha no final, com sentido ligeiramente alterado. É o que se percebe numa sátira contra a cidade da Bahia:

> Que falta nesta cidade?... Verdade.
> Que mais por sua desonra?... Honra.
> Falta mais que se lhe ponha?... Vergonha.

> O demo a viver se exponha,
> Por mais que a fama a exalta,
> Numa cidade onde falta
> Verdade, honra, vergonha.

Nesse, como em outros casos, a voz satírica demonstra equilíbrio, pois se produz como juízo discreto que se coloca acima das deformações que denuncia. Entretanto, há casos em que a voz se mescla à baixeza do assunto e produz discurso misto, imitando a linguagem usualmente associada ao mundo de que fala:

> Entram na tua casa a seus contratos
> Frades, sargentos, pajens e mulatos,
> Porque é tua vileza tão notória,
> Que entre os homens não achas mais que escória:
> A todos esses guapos dás a língua
> E por muito que dês não te faz míngua:
> Antes és linguaraz e a mim me espanta,
> Que dando a todos, tenhas língua tanta.

Esse tipo de texto será caracterizado como fescenino, obsceno ou escatológico. Não exatamente pelo emprego do palavrão, que ocorre com freqüência, mas porque encena a falta de ordem ou a confusão de elementos típicos de determinado estereótipo social. No poema de onde se extraiu essa estrofe, a desarmonia satirizada decorre do desejo de uma mulher ostentar fidalguias que de fato não possui. Apesar do efeito de descontração, tal passagem é dominada pela agudeza do tipo artificioso, que se revela, sobretudo, na rigorosa seleção de vocábulos, articulados de modo a sugerir a promiscuidade como fator de riso. Se no texto de exaltação do objeto (lírica) predomina a metáfora dignificante, na sátira predomina a metonímia degradante, que imita o estilo referencial como modo de afastar o texto do código poético do tempo e o aproximar do registro falado. Paradoxalmente, esse será a agudeza artificiosa que mais o caracteriza como poético. A enumeração do segundo verso, partindo do singular, generaliza a freqüência à casa de Andresona, que, dando a todos a língua, dará também o corpo. Os poemas desse tipo produzem vivas caricaturas da intimidade sexual.

A lírica gregoriana divide-se entre o amor e a religião. Em ambos os casos, o engenho conduz a voz poética à elocução aguda, aplicada sempre ao propósito de convencer o interlocutor, que, aqui, será sempre a dama indiferente ou o Deus misericordioso. Para os poemas de amor, o modelo será a tradição petrarquista, que inclui a sábia experiência de Camões, Góngora e Quevedo. Assim, os poemas de amor assumirão a forma de fala contemplativa – em que o retrato se confunde com o elogio à beleza absoluta, entendida como raio da divina formosura – ou se consubstanciarão no convite amoroso que compreende o tormento do desejo e a angústia do tempo (*carpe diem*). O exemplo mais consagrado de poema amoroso na obra atribuída a Gregório é o soneto "Discreta e formosíssima Maria", composto de traduções de partes de dois sonetos de Góngora. Nele, percebe-se vivo o código poético do tempo. Aí, as faces da mulher são *auroras*; os olhos, *sol*; os dentes, *dia*. Mais adiante, o tempo é comparado a um cavalo, cujo trote deixa marcas na beleza feminina: *que o tempo trota a toda ligeireza / e imprime em toda flor sua pisada*. Assim, as rugas da velhice se equiparam aos sinais das patas no terreno. Nesse tipo de metáfora, a agudeza consiste em associar, na linguagem, coisas distantes entre si na experiência, como seriam *cavalo* e *tempo* (unidos pela velocidade); *pisada* e *rugas* (unidos pela idéia de conseqüência). A esse tipo de metáfora a preceptiva do tempo chamava *proporção análoga*, por estabelecer relação entre termos muito diferentes.[6] Aguda também será a argumentação do soneto. Depois de exaltar a beleza da mulher, a voz lírica solicita o seu amor, explicando que o tempo transformará a formosura em cinza e que os prazeres só serão obtidos em vida e na juventude.

Em consonância com a poética cultural do período, a lírica religiosa atribuída a Gregório pode ser entendida como um conjunto de intervenções no contundente debate da Contra-Reforma. Nesse sentido, a noção mais importante talvez seja a ratificação do princípio da confissão, que se reproduz em cada poema, tanto nos

---

6   Consultar Ivan Teixeira. "A poesia aguda do engenhoso fidalgo Manuel Botelho de Oliveira." Prefácio à edição fac-similar de *Música do Parnaso*. Cotia: Ateliê Editorial, 2005. p. 31.

sonetos quanto nas longas séries de décimas, que imitam a extensão de rezas coletivas em rosários. Ecoando ainda os tempos heróicos da oposição católica às teses luteranas, tais poemas enfatizam a presença de Cristo na missa, na hóstia, no vinho e no altar. Há casos em que o jogo dos equívocos matiza o texto, conduzindo-o à zona fronteiriça entre a sátira e a piedade, tal como se percebe nos quartetos de "Ao Divino Sacramento", que requer comparação com o poema congênere de Anchieta:

> Quanto a que o sangue vos beba,
> Isso não e perdoai-me:
> Como quem tanto vos ama,
> Há de beber-vos o sangue?

O confronto do profano com o sagrado atinge o máximo de agudeza nos sonetos em que se encena a confissão direta com Deus, a qual assume, com freqüência, a forma do silogismo ou argumentação lógica, como se observa, por exemplo, no soneto "A Jesus Cristo nosso Senhor" ("Pequei, Senhor, mas não porque hei pecado"). Nele, a perspicácia engenhosa produz imprevista relação especular, em que a potência divina tanto pode motivar o perdão quanto estimular o pecado, visto que a criatura domina as regras do discurso do Criador. Outra modalidade de agudeza artificiosa seria aquela de um soneto baseado no uso reiterado da anadiplose, figura que consiste em começar um verso com a última palavra do verso anterior:

> Ofendi-vos, meu Deus, é bem verdade,
> Verdade é, meu Senhor, que hei delinqüido,
> Delinqüido vos tenho e ofendido,
> Ofendido vos tem minha maldade.

Como se sabe, a linha sinuosa integra o repertório da pintura e da arquitetura do Seiscentismo. No soneto em questão, pode-se supor que a figuração gráfica das palavras na estrofe imita a presumível sinuosidade do pensamento seiscentista, insinuando a espiral que vai do céu ao inferno, muito freqüente no discurso visual de tradição católica.

Emulação poética

Participando do processo de inclusão do Brasil no código civilizado da Europa, Botelho de Oliveira, ao escrever *Música do Parnaso* (Lisboa, 1705), produziu um dos melhores livros do período colonial. Sua elocução funda-se no princípio da poesia como apropriação de estilos, em que o poeta se deixa entender como um estudioso de assuntos e de fórmulas tradicionais, aos quais aplica o engenho pessoal para conceber o texto como um artefato agudo, sutil, perspicaz e insinuante. Nessa operação, não entra a psicologia do autor tal como a conceberiam os românticos, mas a consciência artesanal do artista e o compromisso com os discursos culturais do tempo. Como se observa, também, em alguns poetas do século XX, na época de *Música do Parnaso*, a poesia era concebida como deliberação do espírito e conquista da vontade. O escritor se entendia, sobretudo, como herdeiro de práticas alheias, aplicando-as ao próprio texto como forma de incorporação da história passada e de construção da historicidade no presente. Integra a ordem desses argumentos o conceito de emulação, segundo o qual o poeta se acha em contínuo diálogo com a história da arte, trazendo-a para o cenário de sua escrita. O melhor exemplo de imitação bem-sucedida ocorre com Camões, que, ao observar o modelo da *Eneida*, teria escrito o maior poema narrativo da língua. Com Botelho de Oliveira não terá sido muito diferente, pois, incorporando processos e assuntos de Góngora e Marino, foi capaz de produzir um livro singular na poesia do Brasil. Impulsionado pela necessidade da emulação que o conceito de poesia lhe impõe, o engenho impele o poeta ao exercício da agudeza e da fantasia, que o capacita a produzir o efeito de novidade a partir de velhas tópicas e processos consagrados.

No madrigal "Ponderação do rosto e sobrancelhas de Anarda", observam-se algumas ocorrências das agudezas típicas de *Música do Parnaso*, que representa na América portuguesa o *siglo de oro* da poesia européia:

Se as sobrancelhas vejo,
Setas despedes contra o meu desejo;
Se do rosto os primores,
Em teu rosto se pintam várias cores;
Vejo, pois, para pena e para gosto
As sobrancelhas arco; Iris, o rosto.

Modalidade do gênero demonstrativo, o poema deve ser entendido como um elogio, em que, paradoxalmente, se exaltam a crueldade e a indiferença de Anarda, motivo dominante nos poemas líricos do livro. Assim, a contemplação da beleza provoca prazer e dor, no que se imita uma tópica consagrada nas artes do tempo, em que os afetos se fundem para representar o envolvimento dos sentidos na percepção do mundo sensível, por oposição ao inteligível, contemplado unicamente pela razão. Outras agudezas decorrem da metáfora das sobrancelhas como arco e da dos efeitos do olhar como setas. A primeira estabelece relação icônica entre a forma da sobrancelha e a forma do instrumento de guerra (também utilizado por Cupido); a segunda associa a paixão com a luz do olhar. Enquanto a voz lírica põe os olhos na amada, ela o fere com os raios dos olhos. Em contrapartida, o engenho contemplativo prossegue com as operações associativas, aproximando a amada com as mais vivas cores do jardim e do céu. O último verso reserva o que então deveria se considerar a maior surpresa do poema, constituída pela agudeza de acoplar os vocábulos *arco*, da primeira unidade semântica do verso, com *Íris*, da segunda. Na época, era mais comum o uso apenas do termo *íris* para designar o fenômeno que hoje se nomeia com o substantivo composto.

Em consonância com a poética cultural do tempo, *Música do Parnaso* foi escrita em português, castelhano, italiano e latim. A maior parte do livro está em castelhano, porque, na época, julgava-se que essa língua era mais adequada ao exercício do verso. Por outro lado, o gênero demonstrativo pressupunha virtuosismo técnico e versatilidade cultural. Assim, paralelamente ao plurilingüismo do livro, os poemas encenam as falas de um letrado urbano e discreto, completamente envolvido com as normas sociais e poéticas dos salões do Antigo Regime, cujo ambiente ele parece imitar na elegante prudência de seus versos.

Academias: esquecidos & renascidos

Como parte da renovação cultural de seu governo, Dom João V inaugurou, em 1720, a Real Academia da História Portuguesa, com o objetivo de promover e atualizar a memória escrita do reino. Dando continuidade ao projeto real, o governador geral do Brasil Vasco Fernandes César de Meneses – que governou a Bahia com o título de vice-rei, entre 1720 e 1735 – instituiu, em 1724, a Academia Brasílica dos Esquecidos, cuja função era fornecer à Metrópole escritos referentes ao Brasil. Assim, explica-se a publicação – Lisboa, 1730 – da *História da América portuguesa*, de Sebastião da Rocha Pita, que, por esse livro, se tornaria o mais ilustre membro na instituição.[7]

Embora criada para desenvolver o estudo da História, a Academia dos Esquecidos produziu muitos versos, em português, latim e espanhol. Francisco Leitão Ferreira, membro da Real Academia da História Portuguesa e da Academia dos Anônimos, ambas de Lisboa, escreveu, como se viu anteriormente, *Nova arte de conceitos*, o mais importante compêndio da doutrina da poesia seiscentista em português. Nele, além de sistematizar os preceitos para a obtenção do estilo agudo e engenhoso, fundamenta a necessidade das academias, explicando que sua função era promover o desenvolvimento do espírito por meio do exercício intelectual, que deveria se empenhar nas operações lógicas da argumentação dialética. Resulta daí que as composições das academias devam, hoje, ser julgadas pelos critérios da poética do período, que é aquela do código coletivo de então,

---

7 Para análise da historiografia produzida no período colonial, consultar o excelente trabalho de Íris Kantor, *Esquecidos e renascidos: historiografia acadêmica luso-americana (1724-1759)*, São Paulo: Hucitec, 2004.

instaurado por Petrarca, Camões, Marino, Góngora e Quevedo, entre outros, e seguido por Botelho de Oliveira e pelo suposto Gregório de Matos. Assim, essa poesia não pretendia ser original, mas oferecer uma resposta singular a temas objetivos que se apresentavam em cada encontro dos membros na Academia. Um dos motivos recorrentes na poesia acadêmica é a tópica da imortalidade pelas Letras (História), desenvolvida com bom nível de agudeza técnica por Gonçalo Soares da Franca, no soneto em homenagem a Vasco Fernandes César, responsável pela abertura da Academia da História do Brasil:

> Hoje que, remontada ao firmamento,
> Fênix pretende do Brasil a história,
> Das flamas emplumar-se da memória,
> Sacudindo os carvões do esquecimento,
>
> A vossa proteção o seu intento
> Com justa confiou digna vanglória,
> Que onde as armas e as letras têm vitória,
> Tem os anos e os tempos rendimento.
>
> Não tema, pois, a história a cinza obscena,
> Se eloqüente uma mão e outra alentada,
> Põem na estampa dos Céus qualquer Camena:
>
> Que era glória lograsse eternizada,
> Para os vôos, arrojos nessa pena;
> Para os rasgos, impulsos nessa espada.[8]

Hermético ao leitor atual, o soneto talvez fosse claro aos membros da Academia. Aludindo à divisa da agremiação *sol oriens*

---

8 Tomou-se por base o texto estabelecido por Péricles Eugênio da Silva Ramos. *Poesia barroca*. 2. ed. São Paulo: Melhoramentos, 1977. p. 129. O título completo do soneto é "Abrindo-se a Academia da História do Brasil com o título – dos Esquecidos – debaixo da proteção do Exmo. Sr. Vasco Fernandes César, Vice-Rei e Capitão General deste Estado etc.". Aqui, a pontuação foi alterada.

in occiduo (o sol nascido no Ocidente), o texto insinua que Fênix, imitando o sol, reaparece no céu para, envolta nas asas da chama da memória, perpetuar a história do Brasil. A proteção de Vasco Fernandes deu glória ao desejo (*intento*) de Fênix, porque, onde as letras se unem às armas, o tempo será sempre vencido (*os tempos têm rendimento*). No Brasil, a história não temerá a cinza do esquecimento, porque Vasco Fernandes, tendo numa mão a pena e noutra a espada (*mão eloqüente, mão alentada*), consegue seduzir qualquer musa (*pôr na estampa do céu qualquer Camena*). Era glória esperada que fossem eternizadas sua pena e sua espada: uma, para os vôos da imaginação; outra, para os impulsos da luta (*rasgos*). Como toda a produção acadêmica, o soneto concebe a poesia como resultado de operações lógicas do entendimento, ao qual se alia a fantasia para produzir efeito artificioso, sutil, engenhoso ou agudo.

Entre os esquecidos, Sebastião da Rocha Pita possui especial relevo. Ao exaltar a fundação dessa agremiação na Bahia, o poeta, em rigor, celebra o decreto real, que, a partir dessa data, passa a consentir e a estimular a criação de núcleos de estudos na Colônia. Por isso, em soneto dedicado ao protetor local da Academia, o vice-rei Vasco Fernandes, o poeta adota analogias hiperbólicas que, hoje, poderiam parecer frívolas ou descabidas. Todavia, pela poética cultural do período, tratava-se de estabelecer relações enobrecedoras entre a hierarquia política do Império português e a corte dos deuses no Olimpo. Assim, ao selecionar os poemas desta série, a presente antologia, procurando recuperar a agudeza original dos poemas, os dispõe na seguinte ordem: poema a Dom João V, de quem parte o decreto instaurador da Academia; poema ao vice-rei do Brasil, que implementa na Colônia o decreto da Metrópole; poema ao secretário da entidade; poemas ao emblema e à divisa da associação; poemas em louvor ao conceito de academia; e poemas sobre os assuntos propostos em conferência pelos acadêmicos.

Apesar do que diz a crítica de origem romântica, essas categorias não se aproximavam, na época, nem do frívolo nem do vazio, pois procuravam, em dimensão histórica, integrar a Bahia ao código civilizado da Europa. Nessa perspectiva, o acadêmico Antônio de Oliveira fará um soneto a partir da seleção e da combinação de versos inteiros de *Os lusíadas*. Sebastião da Rocha Pita, ao falar de um menino, imitará o estereótipo da graça infantil na leveza do metro. Anastácio Ayres de Penhafiel, para representar a perspicácia do vice-rei Vasco Fernandes César, produz um poema visual ("Labirinto cúbico"), em que a frase *in utroque césar* pode ser lida de diversos pontos de vista, pois o poema se apresenta como emblema, entendido como pintura que fala. O mesmo estilo e as mesmas matérias persistiriam, com variantes, na Academia dos Felizes (Rio de Janeiro, 1736) e na Academia dos Seletos (Rio de Janeiro, 1752). A produção dos felizes perdeu-se. Os seletos reuniram-se uma só vez, em homenagem a Gomes Freire de Andrade, tratando-se, portanto, antes de um ato acadêmico do que uma academia, cuja produção foi reunida em 1754 no volume *Júbilos da América*, organizado por Manuel Tavares de Sequeira e Sá, secretário da agremiação. Em 1759, instituiu-se em Salvador a Academia Brasílica dos Acadêmicos Renascidos, que, ao lado da Academia Brasílica dos Esquecidos, seria a segunda em importância. Tendo permanecido praticamente inédita, a produção dos acadêmicos foi editada por José Aderaldo Castelo, em *O movimento academicista no Brasil: 1641-1820-22.*[9]

Estilização da paisagem

A paisagem brasileira aparece com freqüência na poesia dos séculos XVII e XVIII. Não como expressão de sentimento nativista, como pensava a crítica no passado, mas como adequação da paisagem local a tópicas e processos da poesia européia do período. Nesses casos, os poemas indiciam maior apego, sempre intelectual, à língua poética internacional do que às singularidades regionais.

---

9   São Paulo: Conselho Estadual de Cultura, 1969-1978, 3 vols. 18 tomos.

Nas Letras do período, o particular e o singular são absorvidos pela generalidade dos conceitos e dos esquemas de construção do texto, como é o caso das descrições de lugares concebidos como paradisíacos, muito freqüentes na poesia e na prosa do período.

Frei Manuel de Santa Maria Itaparica, localizado mais ou menos no meio do século XVIII, representa, por um lado, o abrandamento das formas concentradas do estilo agudo e engenhoso observado em Botelho de Oliveira e, por outro, a retomada de tópicas descritivas menos sutis de Camões. Sua elocução, constantemente controlada pelo juízo, afasta-o da fantasia dos gongóricos, o que torna seu texto aparentemente natural e singelo. Não se pode esquecer, todavia, de que sua naturalidade, tanto quanto o suposto artificialismo dos seiscentistas, decorre de operações retóricas da linguagem, devendo entender-se, sobretudo, como resultado de maior atenção concedida à função formativa da poesia, diferentemente de Botelho, que privilegiava os aspectos normalmente associados ao prazer. A aproximação entre os poetas deve-se ainda ao fato de ambos terem produzido os melhores textos de representação pictórica de lugares supostamente paradisíacos da Colônia: Botelho escreveu "À Ilha de Maré, Termo Desta Cidade da Bahia" (*Música do Parnaso*, 1705); Itaparica, "Descrição da Ilha de Itaparica, Termo da Cidade da Bahia" (*Eustáquidos*, 1768?). Há evidente interdiscursividade entre esses poemas. Da mesma forma, ambos derivam do modelo de *Adonis*, de Marino, e de *Os lusíadas*, de Camões, particularmente dos respectivos episódios da ilha de Vênus, de onde se extraíram as tópicas do *ut pictura poesis* (a poesia é como a pintura) e do *locus amoenus* (lugar agradável). Quanto à simbologia vegetal, a matriz evidente será também a mesma: *Frutas do Brasil*, de Frei Antônio do Rosário, de 1702.

Os dois poetas adotam o procedimento da silva, tipo de composição baseada na reiteração extensiva de partes que se justapõem para sugerir a variedade do todo. Enumeram-se as frutas, as flores, as árvores, os peixes e as casas dos respectivos lugares, sempre aprazíveis. Ao descrever os peixes de sua ilha, Itaparica, em cuja elocução o engenho e a agudeza se reduzem ao mínimo para evitar o domínio absoluto do juízo sem fantasia, há uma longa seqüência que, justamente, tem recebido a atenção dos estudiosos. Trata-se da descrição da pesca e do preparo industrial da baleia, que, em meio a recorrentes apropriações do estilo sublime de *Os lusíadas*, sobretudo de "O Velho do Restelo", produz o efeito de narrativa ficcional. Em evidente paródia do erotismo camoniano, tanto Botelho quanto Itaparica deslocam a sensualidade do âmbito da mulher para os encantos das respectivas ilhas, atribuindo aos textos apreciáveis insinuações de equivocidade semântica.

Austin, Primavera de 2006
Ivan Teixeira

José de Anchieta

José de Anchieta nasceu em 1534, em São Cristóvão de La Laguna, capital da ilha de Tenerife, Canárias, pertencentes à Espanha. Entrou para a Companhia de Jesus em Coimbra. Em 1553, veio para o Brasil, em companhia do segundo Governador Geral, Duarte da Costa. Dedicou-se à catequese e à administração, tendo chegado à Provincial da Companhia. Faleceu em Reritiba, Espírito Santo. A poesia de Anchieta compõe-se de um conjunto de intervenções no grande debate da Contra-Reforma. Nesse sentido, pode-se dizer que seus poemas ficcionalizam a voz de um jesuíta em permanente exercício de defesa, de confirmação, de desenvolvimento e divulgação dos argumentos do Concílio de Trento. Em consonância com a poética do tempo, concebia a poesia como prática impessoal, voltada para o serviço do Estado e da religião. Em latim, escreveu dois textos longos: *De Gestis Mendi de Saa – Praesidis in Brasilia*, Coimbra, 1563, tradução de Armando Cardoso: *Feitos de Mem de Sá – Governador do Brasil*, Rio de Janeiro: Arquivo Nacional, 1958; e *De Beata De Beata Virgine Dei*

Matre Maria, Lisboa, 1663, tradução de Armando Cardoso: *Poema da bem-aventurada Virgem Maria*, Rio de Janeiro: Arquivo Nacional, 1940. Além desses poemas narrativos, Anchieta deixou um caderno manuscrito com textos menores, que podem ser classificados como poemas líricos (fala uma só pessoa) e dramáticos (falam muitas pessoas). Tal caderno, constituído em grande parte de autógrafos do próprio Anchieta, ainda existe em Roma, nos Arquivos da Companhia de Jesus. Dele extraiu-se o material para um volume conhecido como *Poesias* (São Paulo: Comissão do IV Centenário, 1954), organizado por Maria de Lourdes de Paula Martins. Trata-se de uma publicação plurilíngüe, em que se encontram textos em português, espanhol, latim e tupi. Além de preparar a edição diplomática de todo o caderno, a organizadora traduziu para o português os poemas escritos em latim e em tupi. Destes, apenas 12 são inteiramente em português e 35, em espanhol.

DO SANTÍSSIMO SACRAMENTO

Ó que pão, oh que comida,
Ó que divino manjar
Se nos dá no santo altar
    Cada dia!

Filho da Virgem Maria,
Que Deus Padre cá mandou
E por nós na cruz passou
    Crua morte,

E para que nos conforte
Se deixou no Sacramento
Para dar-nos, com aumento,
    Sua graça.

Esta divina fogaça
É manjar de lutadores,
Galardão de vencedores
    Esforçados,

Deleite de enamorados
Que com o gosto deste pão
Deixem a deleitação
    Transitória.

Quem quiser haver vitória
Do falso contentamento,
Goste deste sacramento
    Divinal.

Este dá vida imortal,
Este mata toda fome,
Porque nele Deus e homem
    Se contêm.

É fonte de todo bem,
Da qual quem bem se embebeda
Não tenha medo de queda
    do pecado.

Ó que divino bocado,
Que tem todos os sabores!
Vindes, pobres pecadores,
    A comer.

Não tendes de que temer,
Senão de vossos pecados.
Se forem bem confessados,
    Isso basta,

Que este manjar tudo gasta,
Porque é fogo gastador,
Que com seu divino ardor
    Tudo abrasa.

É pão dos filhos de casa,
Com que sempre se sustentam
E virtudes acrescentam
    De contino.

Todo al é desatino
Se não comer tal vianda,
Com que a alma sempre anda
    Satisfeita.

Este manjar aproveita
Para vícios arrancar
E virtudes arraigar
   Nas entranhas.

Suas graças são tamanhas,
Que se não podem contar,
Mas bem se podem gostar
   De quem ama.

Sua graça se derrama
Nos devotos corações
E os enche de bençoes
   Copiosas.

Ó que entranhas piedosas
De vosso divino amor!
Ó meu Deus e meu Senhor
   Humanado!

Quem vos fez tão namorado
De quem tanto vos ofende?
Quem vos ata? Quem vos prende
   Com tais nós?

Por caber dentro de nós
Vos fazeis tão pequenino
Sem o vosso ser divino,
   Se mudar!

Para vosso amor plantar
Dentro em nosso coração
Achastes tal invenção
   De manjar,

Em o qual nosso paladar
Acha gostos diferentes
Debaixo dos acidentes
    Escondidos.

Uns são todos incendidos
Do fogo de vosso amor,
Outros cheios de temor
    Filial;

Outros, co'o celestial
Lume deste sacramento
Alcançam conhecimento
    De quem são;

Outros sentem compaixão,
De seu Deus, que tantas dores,
Por nos dar estes sabores,
    Quis sofrer,

E desejam de morrer
Por amor de seu amado,
Vivendo sem ter cuidado
    Desta vida.

Quem viu nunca tal comida,
Que é o sumo de todo bem?
Ai de nós! Que nos detém?
    Que buscamos?

Como não nos enfrascamos
Nos deleites deste pão,
Com que o nosso coração
    Tem fartura.

Se buscamos formosura,
Nele está toda metida;
Se queremos achar vida,
    Esta é.

Aqui se refina a fé,
Pois debaixo do que vemos,
Estar Deus e homem cremos
    Sem mudança.

Acrescenta-se a esperança,
Pois na terra nos é dado
Quanto lá nos céus guardado
    Nos está.

A caridade, que lá
Há de ser aperfeiçoada,
Deste pão é confirmada
    Em pureza.

Dele nasce a fortaleza,
Ele dá perseverança,
Pão da bem-aventurança,
    Pão de glória,

Deixado para memória
Da morte do Redentor,
Testemunho de seu amor
    Verdadeiro.

Ó mansíssimo cordeiro,
Ó menino de Belém,
Ó Iesu, todo meu bem,
    Meu amor,

Meu esposo, meu senhor,
Meu amigo, meu irmão,
Centro do meu coração,
    Deus e pai!

Pois com entranhas de mãe
Quereis de mim ser comido,
Roubai todo meu sentido
    Para vós!

Prendei-me com fortes nós,
Iesu, filho de Deus vivo,
Pois que sou vosso cativo,
    Que comprastes

Co' o sangue que derramastes,
Com a vida que perdestes,
Com a morte que quisestes
    Padecer.

Morra eu, por que viver
Vós possais dentro de mi.
Ganhai-me, pois me perdi
    Em amar-me.

Pois que para incorporar-me
E mudar-me em vós de todo,
Com um tão divino modo
    Me mudais,

Quando na minha alma entrais
E dela fazeis sacrário
De vós mesmo e relicário
    Que vos guarda,

Enquanto a presença tarda
Do vosso divino rosto,
O sab'roso e doce gosto
   Deste pão

Seja minha refeição
E todo o meu apetite,
Seja gracioso convite
   De minha alma,

Ar fresco de minha calma,
Fogo de minha frieza,
Fonte viva de limpeza,
   Doce beijo

Mitigador do desejo
Com que a vós suspiro e gemo,
Esperança do que temo
   De perder.

Pois não vivo sem comer,
Coma a vós, em vós vivendo,
Viva em vós, a vós comendo,
   Doce amor!

Comendo de tal penhor,
Nele tenha minha parte
E depois de vós me farte
   Com vos ver!
       Amém.

Poesias. Edição de Maria de Lourdes de Paula Martins. São Paulo: Comissão do IV Centenário, 1954, pp. 366-72. Em cotejo com *Poesias.* Introdução, seleção e notas de M. de L. de Paula Martins. São Paulo: Editora Assunção, s. d.

EM DEUS, MEU CRIADOR

Não há cousa segura.
Tudo quanto se vê
Se vai passando.
A vida não tem dura.
O bem se vai gastando.
Toda criatura
Passa voando.

Em Deus, meu criador,
Está todo meu bem
E esperança,
Meu gosto e meu amor
E bem-aventurança.
Quem serve a tal Senhor
Não faz mudança.

Contente assim, minha alma,
Do doce amor de Deus
Toda ferida,
O mundo deixa em calma,
Buscando a outra vida,
Na qual deseja ser
Toda absorvida.

Do pé do sacro monte,
Meus olhos levantando
Ao alto cume,
Vi estar aberta a fonte
Do verdadeiro lume,
Que as trevas do meu peito
Todas consume.

Correm doces licores
Das grandes aberturas
Do penedo.
Levantam-se os errores,
Levanta-se o degredo
E tira-se a amargura
Do fruto azedo!

Ibidem, p. 377-78.

QUANDO, NO ESPÍRITO SANTO, SE RECEBEU UMA RELÍQUIA DAS ONZE MIL VIRGENS

I

Diabo – Temos embargos, donzela,
A serdes deste lugar.
Não me queirais agravar,
Que, com espada e rodela,
Vos hei de fazer voltar.

Se lá na batalha do mar
Me pisaste,
Quando as onze mil juntastes,
Que fizestes em deus crer,
Não há agora assim de ser.
Se, então, de mim triunfastes,
Hoje vos hei de vencer.

Não tenho contradição
Em toda a capitania.
Antes, ela, sem porfia,
Debaixo de minha mão
Se rendeu com alegria.

Cuido que errastes a via
E o sol tomastes mal.
Tornai-vos a Portugal,
Que não tendes sol nem dia,
Senão a noite infernal
De pecados,
Em que os homens, ensopados,
Aborrecem sempre a luz.
Se lhes falardes na Cruz,
Dar-vos-ão, mui agastados,
No peito, c'um arcabuz.

(*Aqui dispara um arcabuz.*)

Anjo – Ó peçonhento dragão
E pai de toda a mentira,
Que procuras perdição,
Com mui furiosa ira,
Contra a humana geração!

Tu, nesta povoação,
Não tens mando nem poder,
Pois todos pretendem ser,
De todo seu coração,
Amigos de Lucifer.

Diabo – Ó que valentes soldados!
Agora me quero rir!...
Mal me podem resistir
Os que fracos, com pecados,
Não fazem senão cair!

Anjo – Se caem, logo se levantam,
E outros ficam em pé.
Os quais, com armas da fé,
Te resistem e te espantam,
Porque Deus com eles é.

Que com excessivo amor
Lhes manda suas esposas
– Onze mil virgens formosas –,
Cujo contínuo favor
Dará palmas gloriosas

E para te dar maior pena,
A tua soberba inchada
Quer que seja derribada
Por u'a mulher pequena.

Diabo – Ó que cruel estocada
M'atiraste
Quando a mulher nomeaste!
Porque mulher me matou,
Mulher meu poder tirou,
E, dando comigo ao traste,
A cabeça me quebrou.

Anjo – Pois, agora essa mulher
Traz consigo estas mulheres,
Que nesta terra hão de ser
As que lhe alcançam poder
Para vencer teus poderes.

Diabo – Ai de mim, desventurado!
(*Acolhe-se Satanás.*)
Anjo – Ó traidor, aqui jarás
De pés e mãos amarrado,
Pois que perturbas a paz
Deste *pueblo* sossegado!

Diabo – Ó anjo, deixa-me já,
Que tremo desta senhora!
Anjo – Com tanto que te vás fora
E nunca mais tornes cá.
Diabo – Ora seja na má hora!

(*Indo-se, diz ao povo*:)

Ó, deixai-vos descansar
Sobre esta minha promessa:
Eu darei volta, depressa,
A vossas casas cercar
E quebrar-vos a cabeça!

II

Vila – *Mais rica me vejo agora*
Que nunca dantes me vi,
Pois que ter-vos mereci,
Virgem mártir, por senhora.

O Senhor onipotente
Me fez grande benefício,
Dando-me aquela excelente
Legião da esforçada gente
Do grande mártir Maurício.

Neste dia
Se dobra minha alegria
Com vossa vinda, Senhora.
E, pois a Capitania
Hoje tem maior valia,
Mais rica me vejo agora.

Com a perpétua memória
De vossa mui santa vida
E da morte esclarecida,
Com que alcançastes vitória,
Morrendo sem ser vencida,

Serei mais favorecida,
Pois vindes morar em mi.
Porque, tendo-vos aqui,
Fico mais enriquecida
Que nunca dantes me vi.

Da Senhora da Vitória,
"Vitória" sou nomeada.
E, pois sou de vós amada,
D'onze mil virgens na glória
Espero ser coroada.

Por vós sou alevantada
Mais do que nunca subi,
Para que, subindo assim
Não seja mais derrubada,
Pois que ter-vos mereci.

Meus filhos ficam honrados
Em vos terem por princesa,
Porque, de sua baixeza,
Por vós serão levantados
A ver a divina alteza.

Tudo temos,
Pois que tendo a vós, teremos
A Deus, que convosco mora,
E logo, des desta hora,
Todos vos reconhecemos,
Virgem mártir, por Senhora.

Um companheiro de São Maurício
Vem ao caminho à virgem, e diz:

Toda esta Capitania,
Virgem mártir gloriosa,
Está cheia d'alegria,
Pois recebe, neste dia,
U'a mãe tão piedosa.

Nós somos seus padroeiros,
Com toda nossa legião
Dos tebanos cavaleiros,
Soldados e companheiros
De Maurício Capitão.

Ele espera já por vós
E tem prestes a pousada
Para, com vossa manada,
Serdes, como somos nós,
Deste lugar advogada.

Úrsula – Para isso sou mandada.
E com vossa companhia,
Faremos mui grossa armada,
Com que seja bem guardada
A nossa capitania.

III

Ao entrar da igreja, fala São Maurício
Com São Vital, e diz:

Maurício – Não bastam forças humanas,
Não digo para louvar,
Mas nem para bem cuidar
As mercês tão soberanas
Que, com amor singular,

Deus eterno,
Abrindo o peito paterno,
Faz a todo este lugar,
Para que possa escapar
Do bravo fogo do inferno,
E salvação alcançar.

Ditosa capitania,
Que o sumo Pai e Senhor
Abraça com tanto amor,
Aumentando cada dia
Suas graças e favor!

Vital – Ditosa, por certo, é
Se não for desconhecida,
Ordenando sua vida
De modo que junte a fé
Com caridade incendida.

Porque as mercês divinais
Então são agradecidas
Quando os corações leais
Ordenam bem suas vidas
Conforme as leis celestiais.

Maurício – Bem dizeis, irmão Vital,
E, por isso, os sabedores
Dizem que obras são amores,
Com que seu peito leal
Mostram os bons amadores.

Vital – E destes, quantos cuidais
Que se acham nesta terra?
Maurício – Muitos há, se bem olhais
Que contra os vícios mortais
Andam em perpétua guerra,

E aguardando, com cuidado,
A lei de seu Criador,
Mostram bem o fino amor
Que têm, no peito encerrado,
De Iesu, seu Salvador.

Vital – Estes tais sempre terão
   Lembrança do benefício
   De terem por seu patrão,
   Com toda nossa legião,
   A vós, Capitão Maurício.

Maurício – Assim têm.
   E, por isso, o sumo bem
   Lhes manda aquelas senhoras
   Onze mil virgens, que vêm
   Para conosco, também,
   Serem suas guardadoras.

Vital – Tão gloriosas donzelas
   Merecem ser mui honradas.
Maurício – E, conosco agasalhadas,
   Pois que são virgens tão belas,
   De martírio coroadas!

Recebendo a virgem, diz:

   Úrsula, grande princesa,
   Do sumo Deus mui amada,
   Boa seja a vossa entrada,
   Grande pastora e cabeça
   De tão formosa manada!

Úrsula – Salve, grande Capitão
   Maurício, de Deus querido!
   Este povo é defendido
   Por vós e vossa legião
   E nosso Deus mui servido.

Sou dele agora mandada
A ser vossa companheira.
Maurício – Defensora e padroeira
Desta gente tão honrada,
Que segue nossa bandeira.

Nós deles somos honrados,
Eles guardados de nós.
Porque não sejamos sós,
Serão agora ajudados
Conosco também, de vós.

Úrsula – Se os nossos portugueses
Nos quiserem sempre honrar,
Sentirão poucos reveses.
De ingleses e franceses
Seguro podem estar.

Vital – Quem levantará pendão
Contra seis mil cavaleiros
De nossa forte legião,
E contra o grande esquadrão
De vossos onze milheiros?

Úrsula – Os três inimigos d'alma
Começam a desmaiar.
E, pois tem este lugar
Nome de Vitória, e palma,
Sempre deve triunfar.

Vitória – Isso é o que Deus quer.
　　　　Guardam eles seu mandado,
　　　　Que nós teremos cuidado
　　　　De guardar e engrandecer
　　　　Este nosso povo amado.

　　　　Se quereis
　　　　Aqui ficar, podereis.
　　　　Nem tendes melhor lugar
　　　　Que aquele santo altar
　　　　No qual, conosco, sereis
　　　　Venerada sem cessar.

Úrsula – Seja assim!
　　　　Recolhamo-nos aí,
　　　　Com nosso senhor Jesus,
　　　　Por cujo amor padeci,
　　　　Abraçada com a cruz
　　　　Em que ele morreu por mim.

　　　　Levando-a ao altar, lhe cantam:

　　　　Entrai ad altare Dei,
　　　　Virgem mártir mui formosa,
　　　　Pois que sois tão digna esposa
　　　　De Jesus, que é sumo rei.

　　　　Naquele lugar estreito
　　　　Cabereis bem com Jesus,
　　　　Pois ele, com sua cruz,
　　　　Vos coube dentro no peito.

Ó virgem de grão respeito,
Entrai ad altare Dei,
Pois que sois tão digna esposa
De Jesus, que é sumo rei.

Ibidem, p. 389-97.

Bento Teixeira

Durante muito tempo, julgou-se que Bento Teixeira fosse brasileiro. Hoje, conjetura-se que tenha nascido no Porto, por volta de 1561. No Brasil, exerceu atividades no Espírito Santo, no Rio de Janeiro, na Bahia e em Pernambuco. Possuía sólida formação humanística. Era advogado, professor de latim e comerciante. Acusado de judaísmo, foi preso e interrogado pelo Santo Ofício. Depois de assassinar a esposa, foi conduzido à Lisboa, onde persistiram as perseguições pelo alegado judaísmo. Morreu na prisão, por volta de 1600, antes da publicação do poemeto *Prosopopéia*, que saiu no ano seguinte. O poemeto de Bento Teixeira conta a história da fundação do Brasil, por meio do relato épico das lutas e das dificuldades durante o estabelecimento da capitania de Pernambuco, em 1535, por Duarte Coelho. Aí, o primeiro donatário terá dois filhos, Duarte Coelho de Albuquerque e Jorge de Albuquerque Coelho. O poema exalta a ação colonizadora da família, incluindo a esposa Brites e o cunhado Jerônimo de Albuquerque, mas concentra-se no destino de Jorge, a

quem é dedicado. Narra o naufrágio que o herói sofreu em viagem a Portugal e, depois, relata sua participação na Batalha de Alcácer Quibir (1578), ao lado do irmão e de Dom Sebastião. Assim como a história interpreta a colonização do Brasil como projeção da empresa mercantilista de Portugal, o poema de Bento Teixeira, sendo celebração da primeira vitória desse empreendimento, deve ser entendido como parte do discurso de exaltação poética às grandes navegações. Nesse sentido, seria culturalmente verossímil que *Os lusíadas* fossem tomados como modelo de Bento Teixeira. O poema possui 94 estrofes em oitava-rima (versos decassílabos), apresentando as partes tradicionais da epopéia clássica: proposição (estrofe 1), invocação (estrofe 2), dedicatória (estrofes 3-6), narrativa (estrofes 7-93) e epílogo (estrofe 94).

PROSOPOPÉIA

Prólogo

Dirigido a Jorge d'Albuquerque Coelho, Capitão e Governador
da Capitania de Pernambuco, das Partes do Brasil
da Nova Lusitânia etc.

Se é verdade o que diz Horácio que poetas e pintores estão no mesmo predicamento, e estes, para pintarem perfeitamente uma imagem, primeiro na lisa tábua fazem rascunho, para depois irem pintando os membros dela extensamente, até realçarem as tintas e ela ficar na fineza de sua perfeição; assim eu, querendo debuxar com bastardo pincel de meu engenho a viva imagem da vida e feitos memoráveis de vossa mercê, quis primeiro fazer este rascunho, para depois, sendo-me concedido por vossa mercê, ir mui particularmente pintando os membros desta imagem, se não me faltar a tinta do favor de vossa mercê, a quem peço, humildemente, receba minhas rimas, por serem as primícias com que tento servi-lo. E, porque entendo que as aceitará com aquela benevolência e brandura natural que costuma, respeitando mais a pureza do ânimo que a vileza do presente, não me fica mais que desejar senão ver a vida de vossa mercê aumentada e estado prosperado, como todos os seus súbditos desejamos.

Beija as mãos de vossa mercê: (Bento Teixeira) seu vassalo.

PROSOPOPÉIA

Dirigida a Jorge d'Albuquerque Coelho, Capitão e Governador
de Pernambuco, Nova Lusitânia etc.

I

Cantem poetas o poder romano,
Submetendo nações ao jugo duro;
O Mantuano pinte o Rei Troiano
Descendo à confusão do reino escuro;
Que eu canto um Albuquerque soberano,
Da fé, da cara pátria firme muro,
Cujo valor e ser, que o céu lhe inspira,
Pode estancar a lácia e grega lira.

II

As délficas irmãs chamar não quero,
Que tal invocação é vão estudo;
Aquele chamo só de quem espero
A vida que se espera em fim de tudo.
Ele fará meu verso tão sincero
Quanto fora sem ele tosco e rudo,
Que por razão negar não deve o menos
Quem deu o mais a míseros terrenos.

III

E vós, sublime Jorge, em quem se esmalta
A estirpe d'Albuquerques excelente
E cujo eco da fama corre e salta
Do carro glacial à zona ardente,
Suspendei por agora a mente alta
Dos casos vários da olindesa gente
E vereis vosso irmão e vós supremo
No valor abater Quirino e Remo.

IV

Vereis um senil ânimo arriscado
A transes e conflitos temerosos,
E seu raro valor executado
Em corpos luteranos vigorosos.
Vereis seu estandarte derribado
Aos católicos pés vitoriosos,
Vereis, enfim, o garbo e alto brio
Do famoso Albuquerque vosso tio.

V

Mas enquanto Talia não se atreve,
No mar do valor vosso, abrir entrada,
Aspirai com favor a barca leve
De minha musa inculta e mal limada.
Invocar vossa graça mais se deve
Que toda a dos antigos celebrada,
Porque ela me fará que participe
Doutro licor melhor que o de Aganipe.

VI

O marchetado carro do seu Febo
Celebre o Sulmonês, com falsa pompa,
E a ruína cantando do mancebo,
Com importuna voz, os ares rompa.
Que, posto que do seu licor não bebo,
À fama espero dar tão viva trompa,
Que a grandeza de vossos feitos cante
Com som que ar, fogo, mar e terra espante.

Narração

VII

A lâmpada do sol tinha encoberto
Ao mundo sua luz serena e pura
E a irmã dos três nomes descoberto
A sua tersa e circular figura.
Lá do portal de Dite, sempre aberto,
Tinha chegado com a noite escura
Morfeu, que com sutis e lentos passos
Atar vem dos mortais os membros lassos.

VIII

Tudo estava quieto e sossegado,
Só com as flores Zéfiro brincava
E, da vária fineza namorado,
De quando em quando o respirar firmava.
Até que sua dor, d'amor tocado,
Por entre folha e folha declarava.
As doces aves nos pendentes ninhos
Cobriam com as asas seus filhinhos.

IX

As luzentes estrelas cintilavam
E no estanhado mar resplandeciam,
Que, dado que no céu fixas estavam,
Estar no licor salso pareciam.
Este passo os sentidos preparavam
Àqueles que d'amor puro viviam,
Que, estando de seu centro e fim ausentes,
Com alma e com vontade estão presentes.

X

Quando ao longo da praia, cuja areia
É de marinhas aves estampada,
E de encrespadas conchas mil se arreia,
Assim de cor azul como rosada,
Do mar cortando a prateada veia
Vinha Tritão em cola duplicada,
Não lhe vi na cabeça casca posta
(Como Camões descreve) de lagosta.

XI

Mas uma concha lisa e bem lavrada
De rica madrepérola trazia,
De fino coral crespo marchetada,
Cujo lavor o natural vencia.
Estava nela ao vivo debuxada
A cruel e espantosa bataria,
Que deu a temerária e cega gente
Aos deuses do céu puro e reluzente.

XII

Um búzio desigual e retorcido
Trazia por trombeta sonorosa,
De pérolas e aljôfar guarnecido,
Com obra mui sutil e curiosa.
Depois do mar azul ter dividido,
Se sentou numa pedra cavernosa
E, com as mãos limpando a cabeleira,
Da tortuosa cola fez cadeira.

XIII

Toca a trombeta com crescido alento,
Engrossa as veias, move os elementos
E, rebramando os ares com o acento,
Penetra o vão dos ínfimos assentos.
Os pólos que sustêm o firmamento,
Abalados dos próprios fundamentos,
Fazem tremer a terra e céu jucundo,
E Netuno gemer no mar profundo.

XIV

O qual vindo da vã concavidade,
Em carro triunfal, com seu tridente,
Traz tão soberba pompa e majestade
Quanta convém a rei tão excelente.
Vem Oceano, pai de mor idade,
Com barba branca, com cerviz tremente,
Vem Glauco, vem Nereu, deuses marinhos,
Correm ligeiros focas e golfinhos.

XV

Vem o velho Proteu, que vaticina
(Se fé damos à velha Antigüidade)
Os males a que a sorte nos destina,
Nascidos da mortal temeridade.
Vem numa e noutra forma peregrina,
Mudando a natural propriedade.
Não troque a forma, venha confiado,
Se não quer de Aristeu ser sojigado.

XVI

Tétis, que em ser formosa se recreia,
Traz das ninfas o coro brando e doce:
Clímene, Efire, Ópis, Panopéia,
Com Béroe, Talia, Cimodoce;
Drimo, Xanto, Licórias, Deiopéia,
Aretusa, Cidipe, Filodoce,
Com Eristéia, Espio, semidéias,
Após as quais, cantando, vêm sereias.

Descrição do Recife de Pernambuco

XVII

Para a parte do sul, onde a Pequena
Ursa se vê de guardas rodeada,
Onde o céu luminoso mais serena
Tem sua influição e temperada;
Junto da Nova Lusitânia, ordena
A natureza, mãe bem atentada,
Um porto tão quieto e tão seguro,
Que para as curvas naus serve de muro.

XVIII

É este porto tal, por estar posta
Uma cinta de pedra, inculta e viva,
Ao longo da soberba e larga costa,
Onde quebra Netuno a fúria esquiva.
Entre a praia e pedra descomposta,
O estanhado elemento se deriva
Com tanta mansidão, que uma fateixa
Basta ter à fatal Argos aneixa.

XIX

Em o meio desta obra alpestre e dura,
Uma boca rompeu o mar inchado,
Que, na língua dos bárbaros escura,
Pernambuco de todos é chamado.
De para'na, que é mar; puca, rotura,
Feita com fúria desse mar salgado,
Que, sem no derivar cometer míngua,
Cova do mar se chama em nossa língua.

XX

Para entrada da barra, à parte esquerda,
Está uma lajem grande e espaçosa,
Que de piratas fora total perda,
Se uma torre tivera suntuosa.
Mas quem por seus serviços bons não herda,
Desgosta de fazer coisa lustrosa,
Que a condição do rei que não é franco
O vassalo faz ser nas obras manco.

XXI

Sendo os deuses à lajem já chegados,
Estando o vento em calma, o mar quieto,
Depois de estarem todos sossegados,
Por mandado do rei e por decreto,
Proteu, no céu c'os olhos enlevados,
Como que investigava alto secreto,
Com voz bem entoada e bom meneio,
Ao profundo silêncio larga o freio.

Canto de Proteu

XXII

"Pelos ares retumbe o grave acento
De minha rouca voz, confusa e lenta,
Qual trovão espantoso e violento
De repentina e hórrida tormenta.
Ao rio de Aqueronte turbulento,
Que em sulfúreas borbulhas arrebenta,
Passe com tal vigor, que imprima espanto
Em Minos rigoroso e Radamanto.

XXIII

De lanças e d'escudos encantados
Não tratarei em numerosa rima,
Mas de barões ilustres afamados,
Mais que quantos a musa não sublima.
Seus heróicos feitos extremados
Afinarão a dissoante prima,
Que não é muito tão gentil sujeito
Suprir com seus quilates meu defeito.

XXIV

Não quero no meu canto alguma ajuda
Das nove moradoras de Parnaso,
Nem matéria tão alta quer que aluda
Nada ao essencial deste meu caso.
Porque, dado que a forma se me muda,
Em falar a verdade serei raso,
Que assim convém fazê-lo quem escreve,
Se à justiça quer dar o que se deve.

XXV

A fama dos antigos co'a moderna
Fica perdendo o preço sublimado:
A façanha cruel, que a turva Lerna
Espanta com estrondo d'arco armado;
O cão de três gargantas, que na eterna
Confusão infernal está fechado,
Não louve o braço de Hércules Tebano,
Pois precede Albuquerque soberano.

XXVI

Vejo (diz o bom velho) que, na mente,
O tempo de Saturno renovado
E a opulenta Olinda florescente
Chegar ao cume do supremo estado.
Será de fera e belicosa gente
O seu largo distrito povoado;
Por nome terá Nova Lusitânia,
Das leis isenta da fatal insânia.

XXVII

As rédeas terá desta Lusitânia
O grão Duarte, valoroso e claro,
Coelho por cognome, que a insânia
Reprimirá dos seus, com saber raro.
Outro Troiano Pio, que em Dardânia
Os penates livrou e o padre caro;
Um Públio Cipião, na continência;
Outro Nestor e Fábio, na prudência.

XXVIII

O braço invicto vejo com que amansa
A dura cerviz bárbara insolente,
Instruindo na fé, dando esperança
Do bem que sempre dura e é presente;
Eu vejo co rigor da tesa lança
Acossar o francês, impaciente
De lhe ver alcançar uma vitória
Tão capaz e tão digna de memória.

XXIX

Terá o varão ilustre da consorte,
Dona Beatriz, preclara e excelente,
Dois filhos, de valor e d'alta sorte,
Cada qual a seu tronco respondente.
Estes se isentarão da cruel sorte,
Eclipsando o nome à romana gente,
De modo que esquecida a fama velha
Façam arcar ao mundo a sobrancelha.

XXX

O princípio de sua primavera
Gastarão seu distrito dilatando,
Os bárbaros cruéis e gente austera,
Com meio singular, domesticando.
E primeiro que a espada lisa e fera
Arranquem, com mil meios d'amor brando,
Pretenderão tirá-la de seu erro,
E senão porão tudo a fogo e ferro.

XXXI

Os braços vigorosos e constantes
Fenderão peitos, abrirão costados,
Deixando de mil membros palpitantes
Caminhos, arraiais, campos juncados.
Cercas soberbas, fortes repugnantes
Serão dos novos Martes arrasados,
Sem ficar deles todos mais memória
Que a qu'eu fazendo vou em esta história.

XXXII

Quais dois soberbos rios espumosos,
Que, de montes altíssimos manando,
Em Tétis de meter-se desejosos,
Vêm com fúria crescida murmurando,
E nas partes que passam furiosos
Vêm árvores e troncos arrancando,
Tal Jorge d'Albuquerque e o grão Duarte
Farão destruição em toda a parte.

XXXIII

Aquele branco Cisne venerando,
Que nova fama quer o céu que merque,
E me está com seus feitos provocando
Que dele cante e sobre ele alterque;
Aquele que na idéia estou pintando,
Hierônimo sublime d'Albuquerque
Se diz, cuja invenção, cujo artifício
Aos bárbaros dará total exício

XXXIV

Deste, como de tronco florescente,
Nascerão muitos ramos, que esperança
Prometerão a todos geralmente
De nos berços do sol pregar a lança.
Mas, quando virem que do rei potente
O pai por seus serviços não alcança
O galardão devido e glória digna,
Ficarão nos alpendres da piscina.

XXXV

Ó sorte tão cruel como mudável,
Por que usurpas aos bons o seu direito?
Escolhes sempre o mais abominável,
Reprovas e abominas o perfeito.
O menos digno fazes agradável,
O agradável mais, menos aceito.
Ó frágil, inconstante, quebradiça
Roubadora dos bens e da justiça!

XXXVI

Não tens poder algum, se houver prudência;
Não tens império algum nem majestade;
Mas a mortal cegueira e a demência
Co título te honrou de deidade.
O sábio tem domínio na influência
Celeste e na potência da vontade
E, se o fim não alcança desejado,
É por não ser o meio acomodado.

XXXVII

Este meio faltará ao velho invicto,
Mas não cometerá nenhum defeito,
Que o seu qualificado e alto esprito
Lhe fará a quanto deve ter respeito.
Aqui Belisário e Pacheco aflito,
Cerra com ele o número perfeito.
Sobre os três, uma dúvida se excita,
Qual foi mais: se o esforço, se a desdita?

XXXVIII

Foi o filho de Anquises, foi Acates
À região do Caos litigioso,
Com ramo d'ouro fino e de quilates,
Chegando ao Campo Elísio deleitoso.
Quão mal, por falta deste, a muitos trates
(Ó sorte!) neste tempo trabalhoso,
Bem claro no-lo mostra a experiência
Em poder mais que a justiça a aderência.

XXXIX

Mas deixando (dizia) ao tempo avaro
Coisas que Deus eterno e ele cura,
E, tomando ao presságio novo e raro,
Que na parte mental se me figura,
De Jorge d'Albuquerque, forte e claro,
A despeito direi da inveja pura,
Para o qual monta pouco a culta musa
Que Meônio em louvar Aquiles usa.

XL

Bem sei que, se seus feitos não sublimo,
É roubo que lhe faço mui notável;
Se o faço como devo, sei que imprimo
Escândalo no vulgo variável.
Mas o dente de Zoilo nem Minimo
Estimo muito pouco, que agradável
É impossível ser nenhum que canta
Proezas de valor e glória tanta.

XLI

Uma coisa me faz dificuldade
E o espírito profético me cansa,
A qual é ter no vulgo autoridade
Só aquilo a que sua força alcança.
Mas, se é um caso raro ou novidade
Das que, de tempo em tempo, o tempo lança,
Tal crédito lhe dão, que me lastima
Ver a verdade o pouco que se estima."

XLII

E prosseguindo (diz:) "Que Sol luzente
Vem d'ouro as brancas nuvens perfilando,
Que está, com braço indômito e valente,
A fama dos antigos eclipsando,
Em quem o esforço todo juntamente
Se está como em seu centro trasladando?
É Jorge d'Albuquerque, mais invicto
Que o que desceu ao reino de Cocito.

XLIII

Depois de ter o bárbaro difuso
E roto, as portas fechará de Jano,
Por vir ao reino do valente Luso
E tentar a fortuna do oceano.
Um pouco aqui Proteu, como confuso,
Estava receando o grave dano
Que havia de acrescer ao claro herói
No reino aonde vive Cimotoe.

XLIV

Sei mui certo do fado (prosseguia)
Que trará o lusitano por designo
Escurecer o esforço e valentia
Do braço assírio, grego e do latino.
Mas este pressuposto e fantasia
Lhe tirará de inveja o seu destino,
Que conjurando com os elementos
Abalará do mar os fundamentos.

XLV

Porque Lêmnio cruel, de quem descende
A bárbara progênie e insolência,
Vendo que o Albuquerque tanto ofende
Gente que dele tem a descendência,
Com mil meios ilícitos pretende
Fazer irreparável resistência
Ao claro Jorge, varonil e forte,
Em quem não dominava a vária sorte.

XLVI

Na parte mais secreta da memória,
Terá mui escrita, impressa e estampada
Aquela triste e maranhada história
Com Marte, sobre Vênus celebrada.
Verá que seu primor e clara glória
Há de ficar em Lete sepultada,
Se o braço português vitória alcança
Da nação que tem nele confiança.

XLVII

E com rosto cruel e furibundo,
Dos encovados olhos cintilando,
Férvido, impaciente pelo mundo
Andará estas palavras derramando:
– Pôde Nictélio só, no mar profundo,
Sorver as naus meônias navegando,
Não sendo mor senhor, nem mais possante,
Nem filho mais mimoso do Tonante?

XLVIII

E pôde Juno andar tantos enganos,
Sem razão, contra Tróia maquinando,
E fazer que o Rei Justo dos troianos
Andasse tanto tempo o mar sulcando?
E que, vindo no cabo de dez anos,
De Cila e de Caríbdis escapando,
Chegasse à desejada e nova terra
E co Latino rei tivesse guerra?

XLIX

E pôde Palas subverter no Ponto
O filho de Oileu por causa leve?
Tentar outros casos que não conto
Por me não dar lugar o tempo breve?
E que eu por mil razões, que não aponto,
A quem do fado a lei render se deve,
Do que tenho tentado já desista,
E a gente lusitana me resista?

L

Eu por ventura sou deus indigete,
Nascido da progênie dos humanos,
Ou não entro no número dos sete,
Celestes, imortais e soberanos?
A quarta esfera a mim não se comete?
Não tenho em meu poder os centimanos?
Jove não tem o céu? O Mar, tridente?
Plutão, o reino da danada gente?

LI

Em preço, ser, valor ou em nobreza,
Qual dos supremos é mais qu'eu altivo?
Se Netuno do mar tem a braveza,
Eu tenho a região do fogo ativo.
Se Dite aflige as almas com crueza,
E vós, ciclopes três, com fogo vivo,
Se os raios vibra Jove, irado e fero,
Eu na forja do monte lhos tempero.

LII

E com ser de tão alta majestade,
Não me sabem guardar nenhum respeito?
E um povo tão pequeno em quantidade
Tantas batalhas vence a meu despeito?
E que seja agressor de tal maldade
O adúltero lascivo do meu leito?
Não sabe que meu ser ao seu precede,
E que prendê-lo posso noutra rede?

LIII

Mas seu intento não porá no fito,
Por mais que contra mim o céu conjure,
Que tudo tem enfim termo finito,
E o tempo não há coisa que não cure.
Moverei de Netuno o grão distrito
Para que meu partido mais segure,
E quero ver no fim desta jornada
Se val a Marte escudo, lança, espada.

LIV

Estas palavras tais, do cruel peito,
Soltará dos ciclopes o tirano,
As quais procurará pôr em efeito,
Às cavernas descendo do oceano.
E com mostras d'amor brando e aceito,
De ti, Netuno claro e soberano,
Alcançará seu fim: o novo jogo,
Entrar no reino d'água o rei do fogo.

LV

Logo da pátria eólia virão ventos,
Todos como esquadrão mui bem formado,
Euro, Noto os marítimos assentos
Terão com seu furor demasiado.
Fará natura vários movimentos,
O seu caos repetindo já passado,
De sorte que os varões fortes e válidos
De medo mostrarão os rostos pálidos.

LVI

Se Jorge d'Albuquerque soberano,
Com peito juvenil, nunca domado,
Vencerá da fortuna e mar insano
A braveza e rigor inopinado,
Mil vezes o argonauta desumano,
Da sede e cruel fome estimulado,
Urdirá aos consortes morte dura,
Para dar-lhes no ventre sepultura.

LVII

E vendo o capitão qualificado
Empresa tão cruel e tão inica,
Por meio mui secreto, acomodado,
Dela, como convém, se certifica.
E, duma graça natural ornado,
Os peitos alterados edifica,
Vencendo, com tuliana eloqüência,
Do modo que direi, tanta demência.

LVIII

– Companheiros leais, a quem no coro
Das musas tem a fama entronizado,
Não deveis ignorar que não ignoro
Os trabalhos que haveis no mar passado.
Respondestes 'té 'gora com o foro,
Devido a nosso Luso celebrado,
Mostrando-vos mais firmes contra a sorte
Do que ela contra nós se mostra forte.

LIX

Vós de Cila e Caríbdis escapando,
De mil baixos e sirtes arenosas,
Vindes num lenho côncavo cortando
As inquietas ondas espumosas.
Da fome e da sede o rigor passando
E outras faltas enfim dificultosas,
Convém-vos adquirir u'a força nova,
Que o fim as coisas examina e prova.

LX

Olhai o grande gozo e doce glória
Que tereis quando, postos em descanso,
Contardes esta larga e triste história,
Junto do pátrio lar, seguro e manso.
O que vai da batalha a ter vitória,
O que do mar inchado a um remanso,
Isso então haverá de vosso estado
Aos males que tiverdes já passado.

LXI

Por perigos cruéis, por casos vários,
Hemos d'entrar no porto lusitano
E suposto que temos mil contrários
Que se parcialidam com Vulcano,
De nossa parte os meios ordinários
Não faltem, que não falta o Soberano.
Poupai-vos para a próspera fortuna,
E, adversa, não temais por importuna.

LXII

Os heróicos feitos dos antigos
Tende vivos e impressos na memória:
Ali vereis esforço nos perigos,
Ali, ordem na paz, digna de glória.
Ali, com dura morte de inimigos,
Feita imortal a vida transitória,
Ali, no mor quilate de fineza,
Vereis aposentada a fortaleza.

LXIII

Agora escurecer quereis o raio
Destes barões tão claros e eminentes,
Tentando dar princípio e dar ensaio
A coisas temerárias e indecentes.
Imprimem neste peito tal desmaio
Tão graves e terríveis acidentes,
Que a dor crescida as forças me quebranta,
E se pega a voz débil à garganta.

LXIV

De que servem proezas e façanhas
E tentar o rigor da sorte dura?
Que aproveita correr terras estranhas,
Pois faz um torpe fim a fama escura?
Que mais torpe que ver umas entranhas
Humanas dar a humanos sepultura,
Coisa que a natureza e lei impede
E escassamente às feras só concede.

LXV

Mas primeiro crerei que houve gigantes
De cem mãos e da Mãe Terra gerados
E quimeras ardentes e flamantes,
Com outros feros monstros encantados;
Primeiro que de peitos tão constantes
Veja sair efeitos reprovados,
Que não podem (falando simplesmente)
Nascer trevas da luz resplandecente.

LXVI

E se determinais a cega fúria
Executar de tão feroz intento,
A mim fazei o mal, a mim a injúria,
Fiquem livres os mais de tal tormento.
Mas o Senhor que assiste na alta cúria
Um mal atalhará tão violento,
Dando-nos brando mar, vento galerno,
Com que vamos no Minho entrar paterno.

LXVII

Tais palavras do peito seu magnânimo
Lançará o Albuquerque famosíssimo,
Do soldado remisso e pusilânimo
Fazendo, com tal prática, fortíssimo.
E assim, todos concordes e num ânimo,
Vencerão o furor do mar bravíssimo,
Até que já a Fortuna, d'enfadada,
Chegar os deixe à pátria desejada.

LXVIII

À cidade de Ulisses destroçados
Chegarão da fortuna e reino salso,
Os templos visitando consagrados,
Em procissão, e cada qual descalço.
Desta maneira ficarão frustrados
Os pensamentos vãos de Lêmnio falso,
Que o mau tirar não pode o benefício
Que ao bom tem prometido o céu propício.

LXIX

Neste tempo, Sebasto Lusitano,
Rei que domina as águas do grão Douro,
Ao reino passará do mauritano
E a lança tingirá com sangue mouro;
O famoso Albuquerque, mais ufano
Que Jasão na conquista do véu d'ouro,
E seu irmão, Duarte valoroso,
Irão co rei altivo, imperioso.

LXX

Numa nau, mais que Místris e Centauro
E que Argos venturosa celebrada,
Partirão a ganhar o verde lauro
À região da seita reprovada.
E depois de chegar ao reino mauro,
Os dois irmãos, com lança e com espada,
Farão nos agarenos mais estrago
Do que em romanos fez o de Cartago.

LXXI

Mas, ah! ínvida sorte, quão incertos
São teus bens e quão certas as mudanças;
Quão brevemente cortas os enxertos
A umas mal nascidas esperanças.
Nos mais riscosos transes, nos apertos,
Entre mortais pelouros, entre lanças,
Prometes triunfal palma e vitória,
Para tirar no fim a fama, a glória.

LXXII

Assim sucederá nesta batalha
Ao mal afortunado rei ufano,
A quem não valerá provada malha,
Nem escudo d'obreiros de Vulcano.
Porque no tempo que ele mais trabalha
Vitória conseguir do mauritano,
Num momento se vê cego e confuso,
E com seu esquadrão roto e difuso.

LXXIII

Anteparou aqui Proteu, mudando
As cores e figura monstruosa,
No gesto e movimento seu mostrando
Ser o que há de dizer coisa espantosa.
E com nova eficácia começando
A soltar a voz alta e vigorosa,
Estas palavras tais tira do peito,
Que é cofre de profético conceito:

LXXIV

"Entre armas desiguais, entre tambores,
De som confuso, rouco e redobrado,
Entre cavalos bravos corredores,
entre a fúria do pó, que é salitrado;
Entre sanha, furor, entre clamores,
Entre tumulto cego e desmandado,
Entre nuvens de setas mauritanas,
Andará o rei das gentes lusitanas.

LXXV

No animal de Netuno, já cansado
Do prolixo combate e mal ferido,
Será visto por Jorge sublimado,
Andando quase fora de sentido.
O que vendo o grande Albuquerque ousado.
De tão trágico passo condoído,
Ao peito fogo dando; aos olhos, água,
Tais palavras dirá, tintas em mágoa:"

LXXVI

"Tão infelice rei como esforçado,
Com lágrimas de tantos tão pedido,
Com lágrimas de tantos alcançado,
Com lágrimas do reino enfim perdido.
Vejo-vos co cavalo já cansado,
A vós, nunca cansado, mas ferido,
Salvai em este meu a vossa vida,
Que a minha pouco vai em ser perdida.

LXXVII

Em vós do luso reino a confiança
Estriba, como em base só, fortíssimo;
Com vós ficardes vivo, segurança
Lhe resta de ser sempre florentíssimo.
Entre duros farpões e maura lança,
Deixai este vassalo fidelíssimo,
Que ele fará por vós mais que Zopiro
Por Dario, até dar final suspiro.

LXXVIII

"Assim dirá o herói e com destreza
Deixará o ginete velocíssimo
E a seu rei o dará: ó portuguesa
Lealdade do tempo florentíssimo!
O Rei promete, se de tal empresa
Sai vivo, o fará senhor grandíssimo,
Mas 'té nisto lhe será avara a sorte,
Pois tudo cobrirá com sombra a morte.

LXXIX

Com lágrimas d'amor e de brandura,
De seu senhor querido ali se espede,
E que a vida importante e mal segura
Assegurasse bem, muito lhe pede.
Torna à batalha sanguinosa e dura,
O esquadrão rompe dos de Mafamede,
Lastima, fere, corta, fende, mata,
Decepa, apouca, assola, desbarata.

LXXX

Com força não domada e alto brio,
Em sangue mouro todo já banhado,
Do seu vendo correr um caudal rio,
De joelhos se pôs, debilitado.
Ali dando a mortais golpes desvio,
De feridas medonhas trespassado,
Será cativo e da proterva gente
Manietado enfim mui cruelmente.

LXXXI

Mas adonde me leva o pensamento?
Bem parece que sou caduco e velho,
Pois sepulto no mar do esquecimento
A Duarte sem par, dito Coelho.
Aqui mister havia um novo alento
Do poder divinal e alto conselho,
Porque não há quem feitos tais presuma
A termo reduzir e breve suma.

LXXXII

Mas se o céu transparente e alta cúria
Me for tão favorável, como espero,
Com voz sonora, com crescida fúria
Hei de cantar Duarte e Jorge fero.
Quero livrar do tempo e sua injúria
Estes claros irmãos, que tanto quero,
Mas, tomando outra vez à triste história,
Um caso direi digno de memória.

LXXXIII

Andava o novo Marte destruindo
Os esquadrões soberbos mauritanos,
Quando sem tino algum viu ir fugindo
Os tímidos e lassos lusitanos.
O que de pura mágoa não sufrindo
Lhe diz”: – Donde vos is, homens insanos?
Que digo: homens, estátuas sem sentido,
Pois não sentis o bem que haveis perdido?

LXXXIV

Olhai aquele esforço antigo e puro
Dos ínclitos e fortes lusitanos,
Da pátria e liberdade um firme muro,
Verdugo de arrogantes mauritanos;
Exemplo singular para o futuro
Ditado e resplendor de nossos anos,
Sujeito mui capaz, matéria digna
Da mantuana e homérica buzina.

LXXXV

Ponde isto por espelho, por traslado,
Nesta tão temerária e nova empresa;
Nele vereis que tendes já manchado
De vossa descendência a fortaleza.
À batalha tornai com peito ousado,
Militai sem receio, nem fraqueza,
Olhai que o torpe medo é crocodilo
Que costuma, a quem foge, persegui-lo.

LXXXVI

E se o dito a tomar-vos não compele,
Vede donde deixais o rei sublime?
Que conta haveis de dar ao reino dele?
Que desculpa terá tão grave crime?
Quem haverá que por traição não sele
Um mal que tanto mal no mundo imprime?
Tornai, tornai, invictos portugueses,
Cerceai malhas e fendei arneses.

LXXXVII

"Assim dirá, mas eles sem respeito
À honra e ser de seus antepassados,
Com pálido temor no frio peito,
Irão por várias partes derramados.
Duarte, vendo neles tal defeito,
Lhe dirá": – Corações efeminados,
Lá contareis aos vivos o que vistes,
Porque eu direi aos mortos que fugistes.

LXXXVIII

"Neste passo carrega a moura força
Sobre o barão insigne e belicoso;
Ele onde vê mais força, ali se esforça,
Mostrando-se no fim mais animoso.
Mas o fado, que quer que a razão torça
O caminho mais reto e proveitoso,
Fará que num momento abreviado
Seja cativo, preso e mal tratado.

LXXXIX

Eis ambos os irmãos em cativeiro
De peitos tão protervos e obstinados,
Por cópia inumerável de dinheiro
Serão (segundo vejo) resgatados.
Mas o resgate e preço verdadeiro,
Por quem os homens foram libertados,
Chamará neste tempo o grão Duarte,
Para no claro Olimpo lhe dar parte.

XC

Ó alma tão ditosa como pura,
Parte a gozar dos dotes dessa glória,
Donde terás a vida tão segura,
Quanto tem de mudança a transitória!
Goza lá dessa luz que sempre dura;
No mundo gozarás da larga história,
Ficando no lustroso e rico templo
Da ninfa Gigantéia por exemplo.

XCI

Mas enquanto te dão a sepultura,
Contemplo a tua Olinda celebrada,
Coberta de fúnebre vestidura,
Inculta, sem feição, descabelada.
Quero-a deixar chorar morte tão dura
'Té que seja de Jorge consolada,
Que por ti na Ulisséia fica em pranto,
Enquanto me disponho a novo canto.

XCII

Não mais, esprito meu, que estou cansado
Deste difuso, largo e triste canto,
Que o mais será de mim depois cantado
Por tal modo, que cause ao mundo espanto.
Já no balcão do céu o seu toucado
Solta Vênus, mostrando o rosto santo;
Eu tenho respondido co mandado
Que mandaste Netuno sublimado."

XCIII

Assim diz e, com alta majestade,
O rei do salso reino ali falando,
Diz: – Em satisfação da tempestade
Que mandei a Albuquerque venerando,
Pretendo que a mortal posteridade
Com hinos o ande sempre sublimando,
Quando vir que por ti o foi primeiro,
Com fatídico espírito verdadeiro.

XCIV

Aqui deu fim a tudo e, brevemente,
Entra no carro de cristal lustroso;
Após dele a demais cerúlea gente
Cortando a veia vai do reino aquoso.
Eu, que a tal espetáculo presente
Estive, quis em verso numeroso
Escrevê-lo, por ver que assim convinha
Para mais perfeição da musa minha.

Soneto por Ecos ao Mesmo Senhor Jorge d'Albuquerque Coelho

Gran Jorge, por su ser llamado – Amado,
Querer mi verso celebrarte, – Arte
Ni cuanto el cielo acá reparte, – Parte
Menor, dirán, de tu sagrado – Grado;

Por lo que has con valor sobrado – Obrado,
Se ocupa siempre en sublimarte – Marte,
Y para en algo acomodarte, – Darte
Quiso tan alto y recuestado – Estado;

Tu eres la gloria y la columna, – Luna
De Lusitania y refulgente – Gente,
Por quien llamarse venturosa – Osa;

Y el cielo que tal don consiente, – Siente
Que te dio por suerte oportuna – Una
Señora excelsa y grandiosa – Diosa.

LAVS DEO

Prosopopéia. Edição fac-similar com transcrição,
introdução, estabelecimento de texto e comentários
de Celso Cunha e Carlos Durval. Rio de Janeiro:
MEC/INL, 1972. Cotejo com Afonso Luiz Piloto e
Bento Teixeira. *Naufrágio & Prosopopéia*. Introdução,
notas e glossário de Fernando de Oliveira Mota.
Recife: Universidade Federal de Pernambuco, 1969.

Gregório de Matos

Gregório de Matos e Guerra deve ter nascido em Salvador em 1633. Estudou direito em Coimbra e exerceu a advocacia em Lisboa. Retornou à Bahia em 1681, de onde foi exilado para Angola. De volta ao Brasil, faleceu em Pernambuco, em 1696. Nada publicou em vida, assim como não se conhece nenhum autógrafo seu. A vasta obra que aparece unificada sob seu nome chegou até o século XX em cópias dos séculos XVII e XVIII. O acervo começou a ser impresso somente no século XIX, em antologias coletivas. Em 1882, Vale Cabral iniciou a divulgação da obra completa, editando as *Obras poéticas de Gregório de Matos I – sátiras*. Entre 1923 e 1933, Afrânio Peixoto editou parte do material em seis volumes: *Obras de Gregório de Matos*, Rio de Janeiro: Academia Brasileira de Letras. A mais completa e melhor edição deve-se a James Amado, que reuniu em oito volumes as *Obras completas de Gregório de Matos: crônica do viver baiano seiscentista*, Salvador: Janaína, 1968. Há segunda edição, melhorada, em dois volumes: *Obra poética*,

Rio de Janeiro, Record, 1990. A melhor antologia continua sendo *Poemas escolhidos*: *Gregório de Matos*, organizada por José Miguel Wisnik, São Paulo: Cultrix, 1976. Talvez o maior nome da poesia seiscentista em língua portuguesa, Gregório de Matos tem sido valorizado por diversos critérios, nem sempre confluentes. Já foi apreciado por enriquecer o suposto artificialismo da poesia de seu tempo, tendo injetado nela a vitalidade espontânea das manifestações populares. Teria também produzido um retrato vivo das instituições, das camadas sociais e dos vícios de seu tempo. Artista inconformado, teria combatido a hipocrisia dos poderosos em defesa da autenticidade dos oprimidos. Exemplificaria o cristão atormentado cujos versos revelam uma alma sensível às grandes crises do homem. Na multiplicidade lingüística de seu texto, teria sabido representar a variedade racial da Bahia, agregando ao português elementos fônicos do tupi e do africano. Somadas essas e outras qualidades, Gregório seria o criador da poesia brasileira, captando a criatividade do povo baiano, disposição que ele teria convertido em versos nativistas e anticoloniais. Ainda que algumas dessas hipóteses se desaconselhem por critérios históricos, elas próprias atestam a complexidade e a riqueza do acervo atribuído ao poeta.

REPROVAÇÕES

Se sois homem valoroso,
Dizem que sois temerário,
Se valente, espadachim,
E atrevido, se esforçado.

Se resoluto, – arrogante,
Se pacífico, sois fraco,
Se precatado, – medroso,
E se o não sois, – confiado.

Se usais justiça, um Herodes,
Se favorável, sois brando,
Se condenais, sois injusto,
Se absolveis, estais peitado.

Se vos dão, sois um covarde,
E se dais, sois desumano,
Se vos rendeis, sois traidor,
Se rendeis, – afortunado.

Se sois plebeu, sois humilde,
Soberbo, se sois fidalgo,
Se sois segundo, sois pobre,
E tolo, se sois morgado.

Se galeais, sois fachada,
E se não, – não sois bizarro,
Se vestis bem, sois grã moda,
Se mal vestis, sois um trapo.

Se comeis muito, guloso,
E faminto, se sois parco,
Se comeis bem, regalão,
E se mal, nunca sois farto.

Se não sofreis, imprudente,
Se sofreis, sois um coitado,
Se perdoais, sois bom homem,
E se não sois, – um tirano.

Se brioso, tendes fumos,
E se não, sois homem baixo,
Se sois sério, – descortês,
Se cortês, afidalgado.

Se defendeis, sois amigo,
Se o não fazeis, sois contrário,
Se sois amigo, suspeito,
Se o não sois, – afeiçoado.

Se obrais mal, sois ignorante,
Se bem obrais, foi acaso,
Se não servis, sois isento,
E se servis, sois criado.

Se virtuoso, – fingido,
E hipócrita, se beato,
Se zeloso, – impertinente,
E se não, sois pastrano.

Se sois sisudo, – intratável,
Se sois devoto, sois falso,
Pertinaz, se defendente,
Se argüinte, porfiado.

Se discreto, – prevenido,
E se não, sois insensato,
Se sois modesto, sois simples,
E se o não sois, sois um diabo.

Se sois gracioso, sois fátuo,
E se o não sois, um marmanjo,
Se sois agudo, – tresledes,
E se o não sois, sois um asno.

Se não compondes, sois néscio,
Se escreveis, sois censurado,
Se fazeis versos, sois louco,
Se o não fazeis, sois parvo.

Se previsto, – feiticeiro,
E se não, desmazelado,
Se verdadeiro, – bom homem,
Muito humilde, se sois lhano.

Se robusto, sois grosseiro,
Se delicado, sois brando,
Se descansado, – ocioso,
Se pára pouco, sois tranco.

Se sois gordo, sois balofo,
Sois tísico, se sois magro,
Se pequeno, sois anão,
E gigante, se sois alto.

Se sois nobre, sois pelão,
E se oficial, sois baixo,
Se solteiro, – extravagante,
Se noivo, sois namorado.

Se corado, figadal,
Descorado, se sois alvo,
Se grande nariz, – judeu,
Se trigueiro, sois mulato.

Se liberal, sois perdido,
E se o não sois, sois escasso,
Se sois pródigo, vicioso,
E avarento, se poupado.

Se não despendeis, – mesquinho,
Se despendeis, sois mui largo,
Se não gastais, – miserável,
Se gastais, – esperdiçado.

Se honesto sois, não sois homem,
Impotente, se sois casto,
Se não namorais, fanchono,
Se o fazeis, sois estragado.

Se não luzis, não sois gente,
Se luzis, sois mui prezado,
Se pedis, sois pobretão,
E se não, fazeis Calvários.

Se andais devagar, – mimoso,
Se depressa, sois cavalo,
Mal encarado, se feio,
Se gentil, – afeminado.

Se falais muito, palreiro,
Se falais pouco, sois tardo,
Se em pé, não tendes assento,
Preguiçoso, se assentado.

E assim não pode viver
Neste Brasil infestado,
Segundo o que vos refiro,
Quem não seja reprovado.

Obras de Gregório de Matos: IV – Satírica, vol. I.
Nota preliminar de Afrânio Peixoto. Rio de Janeiro:
Academia Brasileira de Letras, 1930, p. 97-102. Aqui,
como nos poemas seguintes, a ortografia foi atualizada.

JUÍZO ANATÔMICO DOS ACHAQUES QUE PADECIA O CORPO DA REPÚBLICA EM TODOS OS MEMBROS E INTEIRA DEFINIÇÃO DO QUE EM TODOS OS TEMPOS É A BAHIA

Que falta nesta cidade?... Verdade.
Que mais por sua desonra?... Honra.
Falta mais que se lhe ponha?... Vergonha.

O demo a viver se exponha,
Por mais que a fama a exalta,
Numa cidade, onde falta
Verdade, Honra, Vergonha.

Quem a pôs neste socrócio?... Negócio.
Quem causa tal perdição?... Ambição.
E o maior desta loucura?... Usura.

Notável desaventura
De um povo néscio, e sandeu,
Que não sabe, que o perdeu
Negócio, Ambição, Usura.

Quais são os doces objetos?... Pretos.
Tem outros bens mais maciços?... Mestiços.
Quais destes lhe são mais gratos?... Mulatos.

Dou ao demo os insensatos,
Dou ao demo o povo asnal,
Que estima por cabedal
Pretos, Mestiços, Mulatos.

Quem faz os círios mesquinhos?... Meirinhos.
Quem faz as farinhas tardas?... Guardas.
Quem as tem nos aposentos?... Sargentos.

Os círios lá vêm aos centos,
E a terra fica esfaimando,
Porque os vão atravessando
Meirinhos, Guardas, Sargentos.

E que justiça a resguarda?... Bastarda.
E grátis distribuída?... Vendida.
Quem tem, que a todos assusta?... Injusta.

Valha-nos Deus, o que custa,
O que El-Rei nos dá de graça,
Que anda a justiça na praça,
Bastarda, Vendida, Injusta.

Que vai pela cleresia?... Simonia.
E pelos membros da Igreja?... Inveja.
Cuidei, que mais se lhe punha?... Unha.

Sazonada caramunha!
Enfim que na Santa Sé
O que mais se pratica é
Simonia, Inveja, Unha.

E nos Frades há manqueiras?... Freiras.
Em que ocupam os serões?... Sermões.
Não se ocupam em disputas?... Putas.

Com palavras dissolutas
Me concluo na verdade,
Que as lidas todas de um Frade
São Freiras, Sermões e Putas.

O açúcar já se acabou?... Baixou.
E o dinheiro se extinguiu?... Subiu.
Logo já convalesceu?... Morreu.

À Bahia aconteceu
O que a um doente acontece,
Cai na cama, o mal lhe cresce,
Baixou, Subiu e Morreu.

A Câmara não acode?... Não pode.
Pois não tem todo o poder?... Não quer.
É que o governo a convence?... Não vence.

Quem haverá que tal pense,
Que uma Câmara tão nobre
Por ver-se mísera, e pobre,
Não pode, Não quer, Não vence.

Obras de Gregório de Matos, op. cit., vol. I, p. 261-64.
Em cotejo com *Obras completas de Gregório de Matos:
crônica do viver baiano seiscentista*, vol. I. Edição de James Amado.
Salvador: Janaína, 1968, p. 31-34. Em todos os casos,
a pontuação e a ortografia foram atualizadas.

DESCREVE O POETA, RACIONAL E VERDADEIRAMENTE QUEIXOSO, OS EXTRAVAGANTES MEIOS COM QUE OS ESTRANHOS DOMINAM INDIGNAMENTE SOBRE OS NATURAIS NA SUA PÁTRIA

Senhora Dona Bahia,
Nobre e opulenta cidade,
Madrasta dos naturais,
E dos estrangeiros madre:

Dizei-me, por vida vossa,
Em que fundais o ditame
De exaltar os que aqui vêm,
E abater os que aqui nascem.

Se o fazeis pelo interesse
De que os estranhos vos gabem,
Isso os paisanos fariam
Com conhecidas vantagens.

E suposto que os louvores
Em boca própria não valem,
Se tem força essa sentença,
Mor força terá a verdade.

O certo é, pátria minha,
Que fostes terra de alarves,
E inda os ressábios vos duram
Desse tempo e dessa idade.

Haverá duzentos anos,
Nem tantos podem contar-se,
Que éreis uma pobre aldeia,
E hoje sois rica cidade.

Então vos pisavam Índios,
E vos habitavam Cafres,
Hoje chispais fidalguias,
E arrojais personagens.

A essas personagens vamos,
Sobre elas será o debate,
E Deus queira que o vencer-vos
Para envergonhar-vos baste.

Sai um pobrete de Cristo
De Portugal ou do Algarve,
Cheio de drogas alheias
Para daí tirar gages.

O tal foi sota-tendeiro
De um cristão-novo em tal parte,
Que por aqueles serviços
O despachou a embarcar-se.

Fez-lhe uma carregação
Entre amigos e compadres:
E ei-lo comissário feito
De linhas, lonas, beirames.

Entra pela barra dentro,
Dá fundo e logo a entonar-se
Começa a bordo da nau
Co'um vestidinho flamante.

Salta em terra, toma casas,
Arma a botica dos trastes,
Em casa come baleia,
Na rua entoja manjares.

Vendendo gatos por lebre,
Antes que quatro anos passem,
Já tem tantos mil cruzados,
Conforme afirmam pasguates.

Começam a olhar para ele
Os pais, que já querem dar-lhe
Filha e dote, porque querem
Homem que coma e não gaste.

Que esse mal há nos mazombos:
Têm tão pouca habilidade,
Que o seu dinheiro despendem
Para haver de sustentar-se.

Casa-se o meu matachim,
Põe duas negras e um pajem,
Uma rede com dois Minas,
Chapéu-de-sol, casas-grandes.

Entra logo nos pelouros,
E sai do primeiro lance
Vereador da Bahia,
Que é notável dignidade.

Já temos o canastreiro,
Que inda fede a seus beirames,
Metamorfoses da Terra,
Transformado em homem grande:
    E eis aqui a personagem.

Vem outro do mesmo lote,
Tão pobre e tão miserável,
Vende os retalhos e tira
Comissão com couro e carne.

Co'o principal se levanta,
E tudo emprega no Iguape,
Que um engenho e três fazendas
O têm feito homem grande:
    E eis aqui a personagem.

Dentre a chusma e a canalha
Da marítima bagagem,
Fica às vezes um cristão,
Que apenas benzer-se sabe.

Fica em terra resoluto
A entrar na ordem mercante,
Troca por côvado e vara
Timão, balestilha e mares.

Arma-lhe a tenda um ricaço,
Que a terra chama magnate,
Com pacto de parceria,
Que em Direito é sociedade.

Com isto o marinheiraz
Do primeiro jacto ou lance
Bota fora o cu breado,
As mãos dissimula em guantes.

Vende o cabedal alheio,
E dá com ele em levante,
Vai e vem e ao dar das contas
Diminui e não reparte.

Prende aqui, prende acolá,
Nunca falta um bom compadre,
Que entretenha o credor,
Ou faça esperar o alcaide.

Passa um ano e outro ano,
Esperando que ele pague,
Que uns lhe dão para que ajunte,
E outros para que engane.

Nunca paga e sempre come,
E quer o triste mascate,
Que em fazer a sua estrela
O tenham por homem grande.

O que ele fez foi furtar,
Que isso faz qualquer birbante,
Tudo o mais lhe fez a terra,
Sempre propícia aos infames:
    E eis aqui a personagem.

Vem um clérigo idiota,
Desmaiado como um gualde,
Os vícios com seu bioco,
Com seu rebuço as maldades.

Mais santo do que Mafoma
Na crença dos seus Árabes,
Letrado como um matulo
E velhaco como um frade.

Ontem simples sacerdote,
Hoje uma grã dignidade,
Ontem selvagem notório,
Hoje encoberto ignorante.

A tal beato fingido
É força que o povo aclame,
E os do governo se obriguem,
Pois edifica a cidade.

Chovem uns e chovem outros
Co'os ofícios e os lugares,
E o beato tudo apanha
Por sua muita humildade.

Cresce em dinheiro e respeito,
Vai remetendo as fundagens,
Compra toda a sua terra,
Com que fica um homem grande:
    E eis aqui a personagem.

Vêm outros lotes de réquiem,
Que indo tomar o caráter,
Todo o Reino inteiro cruzam
Sobre a chança viandante.

De uma província para outra
Como dromedários partem,
Caminham como camelos,
E comem como selvagens.

Mariolas de missal,
Lacaios missa-cantantes
Sacerdotes ao burlesco,
Ao sério ganhões de altares.

Chega um destes e toma amo,
Que as capelas dos magnates
São rendas que Deus criou
Para estes *Orate-frates*.

Fazem-lhe certo ordenado,
Que é dinheiro na verdade,
Que o Papa reserva sempre
Das ceias e dos jantares.

Não se gasta, antes se embolsa,
Porque o reverendo padre
É do *sancto neque demus*
Meritíssimo confrade.

Com este cabedal junto
Já se resolve a embarcar-se,
Vai para a sua terrinha
Com fumos de ser abade:
    E eis aqui a personagem.

Vêem isto os filhos da terra
E entre tanta iniqüidade,
São tais que nem inda tomam
Licença para queixar-se.

Sempre vêem e sempre calam,
Até que Deus lhes depare
Quem lhes faça de justiça
Esta sátira à cidade.

Tão queimada e destruída
Te vejas, torpe cidade,
Como Sodoma e Gomorra,
Duas cidades infames.

Que eu zombe dos teus vizinhos,
Sejam pequenos ou grandes,
Gozos, que por natureza
Nunca mordem, sempre latem.

Porque espero entre os Paulistas
Na Divina Majestade,
Que a ti São Marçal te queime,
E a mim São Paulo me guarde.

Obras de Gregório de Matos, op. cit., vol. IV, p. 118-27.
Poemas escolhidos: Gregório de Matos. Seleção, introdução
e notas de José Miguel Wisnik. São Paulo:
Cultrix, 1976, p. 49-56.

DESPEDE-SE O POETA DA BAHIA, QUANDO FOI DEGREDADO PARA ANGOLA

Adeus, praia; adeus, cidade,
E agora me deverás,
Velhaca, dar eu a Deus,
A quem devo ao demo dar.

Quero agora que me devas
Dar-te a Deus, como quem cai,
Sendo que estás tão caída,
Que nem Deus te quererá:

Adeus, povo; adeus, Bahia,
Digo, canalha infernal,
E não falo na nobreza,
Tábula em que se não dá.

Porque o nobre enfim é nobre,
Quem honra tem, honra dá,
Pícaros dão picardias,
E ainda lhes fica que dar.

E tu, cidade, és tão vil,
Que o que em ti quiser campar
Não tem mais do que meter-se
A magano e campará.

Seja ladrão descoberto,
E qual águia imperial
Tenha na unha o rapante,
E na vista o perspicaz.

A uns compre, a outros venda,
Que eu lhe seguro o medrar,
Seja velhaco notório,
E tramoeiro fatal.

Compre tudo e pague nada,
Deva aqui, deva acolá,
Perca o pejo e a vergonha,
E se casar case mal.

Com branca não, que é pobreza,
Trate de se mascavar;
Vendo-se já mascavado,
Arrime-se a um bom solar.

Porfiar em ser fidalgo,
Que com tanto se achará:
Se tiver mulher formosa,
Gabe-a por esses poiais;

De virtuosa talvez,
E de entendida outro tal;
Introduza-se ao burlesco
Nas casas onde se achar.

Que há donzelas de belisco,
E aos punhos se gastará,
Trate-lhes um galanteio,
E um frete, que é o principal.

Arrime-se a um poderoso,
Que lhe alimente o gargaz,
Que há pagadores na terra
Tão duros como no mar.

A estes faça alguns mandados
A título de agradar,
E conserve o afetuoso,
Confessando desigual.

Intime-lhe a fidalguia,
Que eu creio que lho crerá,
E que fique ela por ela,
Quando lhe ouvir outro tal.

Vá visitar os amigos
No engenho de cada qual,
E comendo-os por um pé
Nunca tire o pé de lá.

Que os Brasileiros são bestas,
E estarão a trabalhar
Toda a vida, por manter
Maganos de Portugal.

Como se vir homem rico,
Tenha cuidado em guardar,
Que aqui honram os mofinos,
E mofam dos liberais.

No Brasil a fidalguia
De bom sangue nunca está,
Nem no bom procedimento:
Pois logo em que pode estar?

Consiste em muito dinheiro,
E consiste em o guardar,
Cada um a guardar bem,
Para ter que gastar mal.

Consiste em dá-lo a maganos
Que o saibam lisonjear,
Dizendo que é descendente
Da casa de Vila-Real.

Se guardar o seu dinheiro,
Onde quiser casará,
Que os sogros não querem homens,
Querem caixas de guardar.

Não coma o genro, nem vista,
Que esse é genro universal,
Todos o querem por genro,
Genro de todos será.

Oh! assolada veja eu
Cidade tão suja e tal,
Avesso de todo o mundo,
Só direita em se entortar.

Terra que não se parece
Neste mapa universal
Com outra; e ou são ruins todas,
Ou ela somente é má.

Obras de Gregório de Matos, op. cit., vol. IV, p. 137-42.
Obras completas, op. cit., vol. VII, p. 1593-96.

À CIDADE DA BAHIA

Triste Bahia! Oh quão dessemelhante
Estás e estou do nosso antigo estado!
Pobre te vejo a ti, tu a mim empenhando,
Rica te vejo eu já, tu a mim abundante.

A ti tocou-te a máquina mercante,
Que em tua larga barra tem entrado,
A mim foi-me trocando e tem trocado
Tanto negócio e tanto negociante.

Deste em dar tanto açúcar excelente
Pelas drogas inúteis que, abelhuda,
Simples aceitas do sagaz Brichote.

Oh, quisera Deus que, de repente,
Um dia amanheceras tão sisuda,
Que fora de algodão o teu capote!

Obras de Gregório de Matos, op. cit., vol. IV, p. 45.
Obras completas, op. cit., vol. I, p. 428.

À CIDADE DA BAHIA POR CONSOANTES QUE SE DERAM FORÇADOS

Neste mundo é mais rico o que mais rapa:
Quem mais limpo se faz tem mais carepa;
Com sua língua, ao nobre o vil decepa:
O Velhaco maior sempre tem capa.

Mostra o patife da nobreza o mapa:
Quem tem mão de agarrar ligeiro trepa;
Quem menos falar pode mais increpa:
Quem dinheiro tiver pode ser Papa.

A flor baixa se inculca por Tulipa;
Bengala hoje na mão, ontem garlopa:
Mais isento se mostra o que mais chupa.

Para a tropa do trapo vazo a tripa
E mais não digo, porque a Musa topa
Em apa, epa, ipa, opa, upa.

Obras de Gregório de Matos, op. cit., vol. IV, p. 46.

DESCREVE A ILHA DE ITAPARICA COM SUA APRAZÍVEL FERTILIDADE E LOUVA DE CAMINHO AO CAPITÃO LUÍS CARNEIRO, HOMEM HONRADO E LIBERAL, EM CUJA CASA SE HOSPEDOU

Ilha de Itaparica, alvas areias,
Alegres praias, frescas, deleitosas,
Ricos polvos, lagostas deliciosas,
Farta de Putas, rica de baleias.

As Putas tais, ou quais não são más preias,
Pícaras, ledas, brandas, carinhosas,
Para o jantar as carnes saborosas,
O pescado excelente para as ceias.

O melão de ouro, a fresca melancia,
Que vem no tempo, em que aos mortais abrasa
O sol inquisidor de tanto oiteiro.

A costa, que o imita na ardentia,
E sobretudo a rica, e nobre casa
Do nosso capitão Luís Carneiro.

Poemas escolhidos: Gregório de Matos, op. cit., p. 195.

RETRATO DO GOVERNADOR ANTÔNIO DE SOUSA DE MENEZES, CHAMADO O "BRAÇO DE PRATA"

Oh! não te espantes não, Dom Antônio,
Que se atreva a Bahia
Com oprimida voz, com plectro esguio,
Cantar ao mundo teu rico feitio,
Que é já velho em poetas elegantes
O cair em torpezas semelhantes.

Da pulga acho que Ovídio tem já escrito,
Lucano do mosquito,
Das rãs Homero e destes não desprezo
Que escreveram matérias de mais peso
Do que eu, que canto cousa mais delgada,
Mais chata, mais sutil, mais esmagada.

Quando desembarcaste da fragata,
Meu Dom Braço de Prata,
Cuidei que a esta cidade tonta e fátua
Mandava a Inquisição alguma estátua
Vendo tão espremida salvajola
Visão de palha sobre um mariola.

O rosto de azarcão afogueado
E em partes mal untado
Tão cheio o corpanzil de godolhões,
Que o tive por um saco de melões.
Vi-te o braço pendente da garganta
E nunca prata vi com liga tanta.

O bigode fanado feito ao ferro.
Está ali num desterro,
E cada pêlo em solidão tão rara,
Que parece ermitão da sua cara;
Da cabeleira pois afirmam cegos,
Que a mandaste comprar no arco dos pregos.

Olhos cagões que cagam sempre à porta
Me tem esta alma absorta,
Principalmente vendo-lhe as vidraças
No grosseiro caixilho das couraças:
Cangalhas, que formaram luminosas
Sobre arcos de pipa duas ventosas.

De muito cego e não de malquerer
A ninguém podes ver,
Tão cego és, que não vês teu prejuízo,
Sendo cousa, que se olha com juízo:
Tu és mais cego que eu, que te sussurro,
Que, em te olhando, não vejo mais que um burro.

Chato o nariz, de cócoras sempre posto,
Te cobre todo o rosto,
De gatinhas buscando algum jazigo
Aonde o desconheçam por umbigo:
Té que se esconde onde mal o vejo
Por fugir do fedor do teu bocejo.

Faz-lhe tal vizinhança a tua boca,
Que, com razão não pouca,
O nariz se recolhe para o centro.
Mudado para os baixos lá dentro,
Surge outra vez e, vendo a baforada,
Lhe fica ali a ponta um dia engasgada.

Pernas e pés defendem tua cara
Velhaca e quem cuidara,
Tomando-te a medida das cavernas,
Se movesse tal corpo com tais pernas!
Cuidei, que eras rocim das alpujarras,
E já frisão te digo pelas garras.

Um casaquim trazias sobre o couro,
Qual odre a quem o Touro
Uma e outra cornada deu traidora,
E lhe deitou de todo o vento fora;
Tal vinha o teu vestido de enrugado,
Que o tive por um odre esfuracado.

O que te vir ser todo rabadilha
Dirá que te perfilha
Uma quaresma, chato percevejo,
Por arenque de fumo ou por badejo;
Sem carne e osso, quem há ali que creia
Senão que és descendente da lampreia.

Livre-te Deus de um sapateiro ou sastre,
Que te temo um desastre,
E é que, por sovela ou por agulha,
Armem sobre levar-te alguma bulha,
Porque, depositando-te à justiça,
Será num agulheiro ou em cortiça.

Na esquerda mão trazias a bengala
E, ou por força ou por gala,
No sovaco por vezes a metias,
Só por fazer infindas cortesias,
Tirando ao povo, quando te destapas,
Entonces o chapéu, agora as capas.

Fundia-se a cidade em carcajadas,
Vendo as duas entradas,
Que fizeste do mar a Santo Inácio,
E depois do Colégio a teu palácio:
O rabo erguido em cortesias mudas,
Como quem pelo eu tomava ajudas.

Ao teu palácio te acolheste e logo
Casa armaste de jogo,
Ordenando as merendas por tal jeito,
Que a cada jogador cabe um confeito:
Dos Tafuis um confeito era um bocado,
Sendo tu pela cara o enforcado.

Depois deste em fazer tanta parvoíce,
Que, inda que o povo risse
Ao princípio, cresceu depois a tanto,
Que chegou a chorar com triste pranto;
Chora-te o nu de um roubador de falso
E, vendo-te eu direito, me descalço.

Xinga-te o negro, o branco te pragueja,
E a ti nada te aleija,
E, por teu sensabor e pouca graça,
És fábula do lar, riso da praça,
Té que a bala, que o braço te levara,
Venha segunda vez levar-te a cara.

Obras de Gregório de Matos, op. cit., vol. IV, p. 265-69.
Obras completas, op. cit., vol. I, p. 155-58.

A UM CAPITÃO DE INFANTARIA QUE ACHARAM EM COLÓQUIO AMOROSO COM UMA PRETA

Ontem, senhor Capitão,
Vos vimos deitar a prancha,
E barcar-vos numa lancha
De gentil navegação:
A lancha era um galeão,
Que joga trinta por banda,
Grande proa, alta varanda,
Tão grande popa, que dar
Podia o cu a beijar
À maior urca de Holanda.

Era tão azevichada,
Tão luzente e tão flamante,
Que eu cri que, naquele instante,
Saiu do porto breada:
Estava tão estancada,
Que se escusava outra frágua,
E assim teve grande mágoa
Da lancha, por ver que, quando
A estáveis calafetando,
Então fazia mais água.

Vós logo destes à bomba,
Com tal pressa e tal afinco,
Que a pusestes como um brinco,
Mais lisa que uma pitomba;
Como a lancha era mazomba,
Jogava tanto de quilha,
Que tive por maravilha

Não comê-la o mar salgado,
Mas vós tínheis o cuidado
De lhe ir metendo a cavilha.

Desde então toda esta terra
Vos fez por aclamação
Capitão de guarnição
Não só, mas de mar e guerra:
Eu sei que o povo não erra
Nem nisso vos faz mercê,
Porque sois soldado que
Podeis capitanear
As charruas de além-mar,
Se são urcas de Guiné.

Obras de Gregório de Matos, op. cit., vol. V, p. 320-21.
Obras completas, op. cit., vol. II, p. 380-81.

RETRATO FEITO A UMA PRETA CRIOULA CHAMADA FRANCISCA

Vá de aparelho,
Vá de painel,
Venha um pincel,
Retratarei a Chica
E seu besbelho.

É pois o caso,
Que a arte obriga,
Que pinte a espiga
Da urtiga primeiro
E logo o vaso.

A negra testa
De cuiambuca
A põe tão cuca,
Que testa nasce, e em cuia
Desembesta.

Os dous olhinhos
Com ser pequenos
São dois venenos,
Não do mesmo tamanho
Maiorzinhos.

Nariz de preta
De cocras posto,
Que pelo rosto
Anda sempre buscando
Onde se meta.

Boca sacada
Com tal largura,
Que a dentadura
Passeia por ali
Desencalmada.

Barbinha aguda
Como sovela,
Não temo a ela,
Mas hei medo à barba:
Deus me acuda.

Pescoço longo,
Socó com saia,
A quem dão vaia
Negros, com quem se farta
De mondongo.

Tenho chegado
Ao meu feitio
Do corpo esguio,
Chato de embigo,
Erguido a cada lado.

Peito lazeira
Tão derribado,
Que é retratado
Ao peito espaldar
Debaixo da viseira.

Junto às cavernas
Tem as perninhas
Tão delgadinhas,
Não sei como se tem
Naquelas pernas.

Cada pé junto
Forma a peanha,
Onde se amanha
A estátua do pernil
E do presunto.

Anca de vaca
Mui derribada,
Mais cavalgada,
Que sela de rocim,
Charel de faca.

Puta canalha,
Torpe e malfeita,
A quem se ajeita
Uma estátua de trapo
Cheia de palha.

Vamos ao sundo
De tão mau jeito,
Que é largo e estreito
Do rosto estreito e largo
Do profundo.

Um vaso atroz,
Cuja portada
É debruada
Com releixos na boca,
Como noz.

Horrível odre,
Que pelo cabo
Toma de rabo
Andar são e feder
A cousa podre.

Modos gatunos
Tem sempre francos,
Arranha os Brancos,
E afaga os membros só
Dos Tapanhunos.

Tenho acabada
A obra, agora
Rasguem-na embora,
Que eu não quero ver Chica
Nem pintada.

Obras completas, op. cit., vol. V, p. 1119-22.

NECESSIDADES FORÇOSAS
DA NATUREZA HUMANA

Descarto-me da tronga, que me chupa,
Corro por um conchego todo o mapa,
O ar da feia me arrebata a capa,
O gadanho da limpa até a garupa.

Busco uma Freira, que me desentupa
A via, que o desuso às vezes tapa,
Topo-a, topando-a todo o bolo rapa,
Que as cartas lhe dão sempre com chalupa.

Que hei de fazer, se sou de boa cepa,
E na hora de ver repleta a tripa,
Darei, por quem ma vaze toda Europa?

Amigo, quem se alimpa da carepa,
Ou sofre uma muchacha, que o dissipa,
Ou faz da sua mão sua cachopa.

Obras completas, op. cit., vol. V, p. 1218.

AOS AMORES DO AUTOR
COM DONA BRITES

Ontem a amar-vos me dispus e logo
Senti dentro de mim tão grande chama,
Que, vendo arder-me na amorosa flama,
Tocou Amor na vossa cela o fogo.

128

Dormindo vós com todo o desafogo,
Ao som do repicar, saltais da cama:
E, vendo arder uma alma que vos ama,
Movida da piedade e não do rogo,

Fizestes aplicar ao fogo a neve
De uma mão branca, que livrar-se entende
Da chama, de quem foi despojo breve.

Mas ai! Que, se na neve Amor se acende,
Como de si esquecida a mão se atreve
A apagar o que Amor na neve incende?

Obras de Gregório de Matos, op. cit., vol. III, p. 47.
Obras completas, op. cit., vol. IV, p. 851.

À AMÁSIA DESTE SUJEITO QUE, FIADA NO SEU RESPEITO, SE FAZIA SOBERBA E DESAVERGONHADA

Puta Andresona, eu pecador te aviso
Que o que amor te tiver não terá siso;
Tu te finges não ser senão honrada
E nunca vi mentira mais provada:
Porque de mui metida e atrevida
Te vieste a sair com ser saída;
Mas quando de ti, Puta, não cuidara
Fazeres tais baratos de tal cara!

Esse vaso encharcado, qual Danúbio
Dá a crer que és puta inda antes do dilúvio:
Tão velha puta és, que ser podias
Eva das putas, mãe das putarias,

E por puta antiquíssima puderas
Dar idade às idades e era às eras;
E, havendo feito putarias artas,
Inda hoje dás a crer que te não fartas.

Entram na tua casa a seus contratos
Frades, sargentos, pajens, e mulatos,
Porque é tua vileza tão notória,
Que entre os homens não achas mais que escória:
A todos esses guapos dás a língua
E por muito que dês não te faz míngua:
Antes és linguaraz e a mim me espanta,
Que dando a todos, tenhas língua tanta.

Mas isso te nasceu, puta Andresona,
De seres puta vil, puta fragona:
Que o falar da janela e da varanda
Só se achará em putas de quitanda.
Cal-te, que a puta grave, qual donzela,
Geme na cama e cala na janela:
Mete a língua no cu e, havendo míngua,
Quando deres ao cu darás à língua.

Pois te deixas calar sempre por baixo
E lá para calar-te tens o encaixe,
Cal-te um dia por cima atroadora,
Que já se enfada quem na rua mora:
E diz até uma preta, e mais não erra,
Que a ovelha ruim é a que berra;
Cal-te, Andresona, que, de me aturdires,
Tomei eu a ocasião de hoje me ouvires.

Obras completas, op. cit., vol. V, p. 1167-68.

A UMA FREIRA QUE CHAMARA
PICA-FLOR AO POETA

Se Pica-Flor me chamais,
Pica-flor aceito ser;
Mas resta agora saber
Se no nome que me dais
Meteis a flor que guardais
No passarinho melhor!
Se me dais este favor,
Sendo só de mim o pica
E o mais vosso, claro fica
que fico então pica-flor.

Obras de Gregório de Matos, op. cit., vol. IV, p. 306.

ÀS RELIGIOSAS QUE, EM UMA FESTIVIDADE
QUE CELEBRARAM, LANÇARAM A VOAR
VÁRIOS PASSARINHOS

Meninas, pois é verdade,
Não falando por brinquinhos,
Que hoje aos vossos passarinhos
Se concede liberdade:
Fazei-me nisto a vontade
De um passarinho me dar,
E não devendo-o negar,
Espero mo concedais,
Pois é dia em que deitais
Passarinhos a voar.

Obras completas, op. cit., vol. IV, p. 844.
Obras de Gregório de Matos, op. cit., vol. II, p. 218.

AOS MESMOS CARAMURUS

Há cousa como ver um Paiaiá
Mui prezado de ser Caramuru,
Descendente de sangue de Tatu,
Cujo torpe idioma é Cobepá?

A linha feminina é carimá,
Moqueca, pititinga, caruru,
Mingau de puba, vinho de caju
Pisado num pilão de Piraguá.

A masculina é um Aricobé,
Cuja filha Cobé c'um branco Paí
Dormiu no promontório de Passé.

O Branco é um marau que veio aqui:
Ela era uma Índia de Maré;
Cobepá, Aricobé, Cobé, Paí.

Obras de Gregório de Matos, op. cit., vol. IV, p. 49.

SEGUE NESTE SONETO A MÁXIMA DE BEM VIVER, QUE É ENVOLVER-SE NA CONFUSÃO DOS NÉSCIOS PARA PASSAR MELHOR A VIDA

Carregado de mim ando no mundo,
E o grande peso embarga-me as passadas,
Que como ando por vias desusadas,
Faço o peso crescer e vou-me ao fundo.

O remédio será seguir o imundo
Caminho, onde dos mais vejo as pisadas,
Que as bestas andam juntas mais ornadas
Do que anda só o engenho mais profundo.

Não é fácil viver entre os insanos,
Erra quem presumir que sabe tudo,
Se o atalho não soube dos seus danos.

O prudente varão há de ser mudo,
Que é melhor neste mundo, mar de enganos,
Ser louco c'os demais que ser sisudo.

Obras de Gregório de Matos, op. cit., vol. II, p. 180.

DESAIRES DA FORMOSURA COM AS PENSÕES DA NATUREZA PONDERADAS NA MESMA DAMA

Rubi, concha de perlas peregrina,
Animado Cristal, viva escarlata,
Duas safiras sobre lisa prata,
Ouro encrespado sobre prata fina.

Este o rostinho é de Caterina;
E porque docemente obriga e mata,
Não livra o ser divina em ser ingrata,
E raio a raio os corações fulmina.

Viu Fábio uma tarde transportado,
Bebendo admirações e galhardias,
A quem já tanto amor levantou aras:

Disse igualmente amante e magoado:
Ah muchacha gentil, que tal serias,
Se, sendo tão formosa, não cagaras!

Obras completas, op. cit., vol. V, p. 1174.

À MARIA DOS POVOS, SUA FUTURA ESPOSA

Discreta e formosíssima Maria,
Enquanto estamos vendo a qualquer hora
Em tuas faces a rosada aurora,
Em teus olhos, e boca o Sol, e o dia:

Enquanto, com gentil descortesia,
O ar, que fresco Adônis te namora,
Te espalha rica trança voadora,
Quando vem passear-te pela fria:

Goza, goza da flor da mocidade,
Que o tempo trota a toda ligeireza,
E imprime em toda a flor sua pisada.

Oh não aguardes que a madura idade
Te converta essa flor, essa beleza
Em terra, em cinza, em pó, em sombra, em nada.

Obras de Gregório de Matos, op. cit., vol. II, p. 30.

AOS AFETOS E LÁGRIMAS DERRAMADAS NA AUSÊNCIA DA DAMA A QUEM QUERIA BEM

Ardor em coração firme nascido;
Pranto por belos olhos derramado;
Incêndio em mares de água disfarçado;
Rio de neve em fogo convertido:

Tu, que um peito abrasas escondido;
Tu, que em um rosto corres desatado,
Quando fogo em cristais aprisionado,
Quando cristal em chamas derretido.

Se és fogo, como passas brandamente?
Se és neve, como queimas com porfia?
Mas ai! Que andou Amor em ti prudente!

Pois, para temperar a tirania,
Como quis que aqui fosse a neve ardente,
Permitiu parecesse a chama fria.

Obras de Gregório de Matos, op. cit., vol. II, p. 50.

RETRATO DE D. BRITES, UMA FORMOSA DAMA NA BAHIA, DE QUEM O AUTOR SE NAMOROU E TRATOU VÁRIOS TEMPOS

Podeis desafiar com bizarria
Só por só, cara a cara, a bela Aurora;
Que a Aurora não só cara vos faria,
Vendo tão boa cara em vós, Senhora:
Senhora sois do sol e luz do dia,

Do dia, que nascestes até agora;
Que se Aurora foi luz por uma estrela,
Duas tendes em vós, a qual mais bela.

Sei que o sol vos daria o seu tesouro
Pelo negro gentil desse cabelo;
Tão belo, que em ser negro foi desdouro
Do sol, que por ser d'ouro foi tão belo:
Bela sois e sois rica sem ter ouro;
Sem ouro haveis ao sol de convencê-lo
Que, se o sol por ter ouro é celebrado,
Sem ter ouro esse negro é adorado.

Vão os olhos, Senhora, tende tento:
Sabeis os vossos olhos o que são?
São de todos os olhos um portento,
Um portento de toda a admiração,
Admiração do sol e seu contento,
Contento que me dá consolação,
Consolação que mata o bom desejo,
Desejo que me mata quando os vejo.

A boca para cravo é pequenina,
Pequenina, sim, é; será rubi:
Rubi não tem a cor tão peregrina,
Tão peregrina cor eu a não vi.
Vi a boca, julguei-a por divina,
Divina não será, eu não o cri:
Mas creio que não quer a vossa boca
Por rubi nem por cravo fazer troca.

Ver o aljôfar nevado que desata
A Aurora sobre a gala do rosal;
Ver em rasgos de nácar tecer prata,

E pérolas em concha de coral:
Ver diamantes em golpe de escarlata,
Em picos de rubi puro cristal,
É ver os vossos dentes de marfim
Por entre os belos lábios de carmim.

No peito desatina o Amor cego,
Cego só pelo amor do vosso peito,
Peito, em que o cego Amor não tem sossego,
Só cego por não ver-lhe amor perfeito:
Perfeito e puro amor em tal emprego
Emprego assemelhando à causa o efeito;
Efeito que é malfeito ao dizer mais,
Quando chega o amor a extremos tais.

Tanto se preza o Amor do vosso amor,
Que mais prazer o tem em amor tanto;
Tanto, que diz o Amor que outro maior
Não teve por amor, nem por encanto:
Encanto é ver o amor em tal ardor,
Que arde tão bem o peito, por espanto,
Tendo de vivo fogo por sinal
Duas vivas empolas de cristal.

Ao dizer das mãos não me aventuro,
Que a ventura das mãos a tudo mata:
Mata Amor nessas mãos já tão seguro,
Que tudo as mãos lavadas desbarata:
A cuja neve, prata, e cristal puro
Se apurou o cristal, a neve e a prata:
Belíssimas pirâmides formando,
Onde Amor vai as almas sepultando.

Descrever a cintura não me atrevo,
Porque a vejo tão breve e tão sucinta,
Que em vê-la me suspendo e me elevo,
Por não ver até agora melhor cinta.
Mas porque siga o estilo que aqui levo,
Digo que é a vossa cinta tão distinta,
Que o Céu se fez azul de formosura,
Só para cinto ser de tal cintura.

Vamos já para o pé: mas, tate, tate!
Que descrever um pé tão peregrino,
Se loucura não é, é desbarate;
Desbarate que passa o desatino:
A que me desatina me dá mate
O picante de pé tão pequenino,
Que pé tomar não posso em tal pegada,
Pois é tal vosso pé, que em pontos nada.

Obras de Gregório de Matos, op. cit., vol. III, p. 309-12.

NO DIA DE QUARTA-FEIRA DE CINZAS

Que és terra Homem, e em terra hás de tornar-te
Te lembra hoje Deus por sua Igreja;
De pó te faz espelho, em que se veja
A vil matéria de que quis formar-te.

Lembra-te Deus que és pó para humilhar-te,
E, como o teu baixel sempre fraqueja
Nos mares da vaidade, onde peleja,
Te põe à vista a terra onde salvar-te.

Alerta, alerta, pois, que o vento berra.
Se assopra a vaidade e incha o pano,
Na proa a terra tens, amaina e ferra.

Todo o lenho mortal, baixel humano,
Se busca a salvação, tome hoje terra,
Que a terra de hoje é porto soberano.

Obras de Gregório de Matos, op. cit., vol. I, p. 98.

ACHANDO-SE UM BRAÇO PERDIDO DO MENINO DEUS DE N. SENHORA DAS MARAVILHAS, QUE DESACATARAM INFIÉIS NA SÉ DA BAHIA

O todo sem a parte não é todo;
A parte sem o todo não é parte;
Mas se a parte o faz todo, sendo parte,
Não se diga, que é parte, sendo o todo.

Em todo o Sacramento está Deus todo
E todo assiste inteiro em qualquer parte,
E, feito em partes todo em toda a parte,
Em qualquer parte sempre fica o todo.

O braço de Jesus não seja parte,
Pois que, feito Jesus em partes todo,
Assiste cada parte em sua parte.

Não se sabendo parte deste todo,
Um braço que lhe acharam, sendo parte,
Nos diz as partes todas deste todo.

Obras de Gregório de Matos, op. cit., vol. I, p. 109.

A JESUS CRISTO NOSSO SENHOR

Pequei, Senhor, mas não porque hei pecado,
Da vossa piedade me despido;
Porque, quanto mais tenho delinqüido,
Vos tenho a perdoar mais empenhado.

Se basta a vos irar tanto um pecado,
A abrandar-vos sobeja um só gemido:
Que a mesma culpa que vos há ofendido,
Vos tem para o perdão lisonjeado.

Se uma ovelha perdida e já cobrada
Glória tal e prazer tão repentino
Vos deu, como afirmais na Sacra História,

Eu sou, Senhor, a ovelha desgarrada,
Cobrai-a e não queirais, Pastor divino,
Perder na vossa ovelha a vossa glória.

Obras de Gregório de Matos, op. cit., vol. I, p. 91.

AO MESMO ASSUNTO

Ofendi-vos, meu Deus, bem é verdade,
Verdade é, meu Deus, que hei delinqüido,
Delinqüido vos tenho e ofendido,
Ofendido vos tem minha maldade.

Maldade, que encaminha a vaidade,
Vaidade, que todo me há vencido;
Vencido quero ver-me e arrependido,
Arrependido a tanta enormidade.

Arrependido estou de coração,
De coração vos busco, dai-me abraços,
Abraços, que me rendem vossa luz.

Luz, que claro me mostra a salvação,
A salvação pretendo em tais abraços,
Misericórdia, Amor, Jesus, Jesus.

Obras de Gregório de Matos, op. cit., vol. I, p. 96.
Poesia barroca. Introdução, seleção e notas de Péricles Eugênio
da Silva Ramos. 2. ed. São Paulo: Melhoramentos, 1977, p. 46.

A JESUS CRISTO CRUCIFICADO, ESTANDO O POETA PARA MORRER

Meu Deus, que estais pendente de um madeiro,
Em cuja lei protesto de viver,
Em cuja santa lei hei de morrer
Animoso, constante, firme e inteiro.

Neste lance, por ser o derradeiro,
Pois vejo a minha vida anoitecer,
É, meu Jesus, a hora de se ver
A brandura de um pai, manso cordeiro.

Mui grande é vosso amor e meu delito;
Porém pode ter fim todo o pecar,
E não o vosso amor, que é infinito.

Esta razão me obriga a confiar,
Que por mais que pequei, neste conflito
Espero em vosso amor de me salvar.

Obras de Gregório de Matos, op. cit., vol. I, p. 92.
Poesia barroca, op. cit., p. 45.

À MORTE DO FAMIGERADO LUSITANO, O GRANDE PADRE ANTÔNIO VIEIRA

Corpo a corpo, à campanha embravecida;
Braço a braço, à batalha rigorosa,
Sai Vieira com sanha belicosa,
De impaciente a morte sai vestida.

Investem-se cruéis, e, na investida,
A morte se admirou menos lustrosa;
Que Vieira, com força portentosa,
Sua força cruel prostrou vencida.

Porém, ele vendo então que na empresa
Vencia à própria morte; e ninguém nega,
Que seus foros perdia a Natureza:

E porque ela se exercite bruta e cega
Em devorar as vidas com fereza,
A seu poder Vieira a sua entrega.

Obras de Gregório de Matos, op. cit., vol. II, p. 92.

AO MESMO DESEMBARGADOR
BELCHIOR DA CUNHA BROCHADO

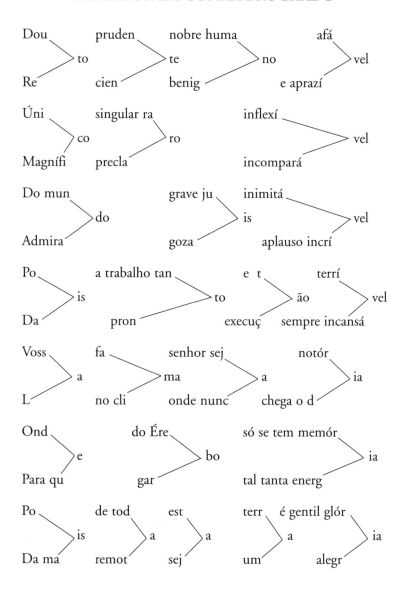

Poesia barroca, op. cit., p. 59.

Manuel Botelho de Oliveira

Manuel Botelho de Oliveira nasceu na Bahia em 1636, possivelmente no mesmo ano de Gregório de Matos. Estudou direito em Coimbra e depois retornou ao Brasil, tendo exercido funções importantes na administração de Salvador. Deve ter se relacionado com Gregório, tanto em Coimbra quanto na Bahia. Era fidalgo da Casa Real e possuía dois engenhos. Publicou *Música do Parnaso*, em Lisboa, 1705, aos 69 anos. No prólogo do volume, orgulha-se de ser o primeiro brasileiro a editar um livro de versos. Morreu em 1711, deixando dois manuscritos inéditos: *Conceitos espirituais*, ainda sem publicar; e *Poesia sacra*, editado por Heitor Martins, São Paulo: Conselho Estadual de Cultura, 1971. *Música do Parnaso* é livro tão complexo quanto maravilhoso. Divide-se em duas grandes partes: poemas líricos, em que só fala o poeta, entendido como personagem; e poemas dramáticos, em que falam outras personagens, e não o poeta. Os líricos tratam de amor ou de civismo. Os poemas de amor celebram a beleza absoluta de Anarda; os cívi-

cos (encomiásticos) exaltam pessoas consideradas dignas de imitação na monarquia lusitana. Os dramáticos são duas comédias, escritas em espanhol: *Hay amigo para amigo* e *Amor, engaños y zelos.* Outra divisão possível é a dos idiomas adotados no livro. Assim, haveria quatro coros de rimas: em português, castelhano, italiano e latim. Botelho de Oliveira partilhou do código artístico formado pela tradição dos grandes poetas europeus do século XVII, entre os quais se destacam Góngora, Marino e Quevedo. Conhecido como estilo agudo e engenhoso, esse código inclui o uso sistemático da metáfora e de outras formas de escrita figurada, como o trocadilho e a polissemia da frase. Explora os efeitos da luz e das cores sobre os sentidos. Extremamente elaborada, a elocução de Botelho não busca a sinceridade emocional, mas o artifício elegante. Adma Muhana organizou ótima edição do poeta, em *Poesia completa* (São Paulo: Martins Fontes, 2005). O organizador da presente antologia preparou edição fac-similar de *Música do Parnaso* (Cotia: Ateliê Editorial, 2005).

ANARDA INVOCADA

Invoco agora Anarda lastimado
Do venturoso, esquivo sentimento:
Que, quem movia as ânsias do tormento,
É bem que explique as queixas do cuidado.

Melhor Musa será no verso amado,
Dando para favor do sábio intento:
Por Hipocrene, o lagrimoso alento;
E por louro, o cabelo venerado.

Se a gentil formosura em seus primores,
Toda ornada de flores se avalia,
Se tem como harmonia seus candores;

Bem pode dar agora Anarda impia
A meu rude discurso, cultas flores;
A meu plectro feliz, doce harmonia.

Música do Parnaso, Manuel Botelho de Oliveira.
Fac-símile da edição de 1705, organização e estudo
crítico de Ivan Teixeira. Cotia: Ateliê Editorial,
2005, p. 1. Pontuação e ortografia atualizadas.

PERSUADE A ANARDA QUE AME

Anarda vê na estrela que em piedoso,
Vital influxo move amor querido;
Adverte no jasmim que embranquecido
Cândida fé publica de amoroso.

Considera no Sol que luminoso
Ama o jardim de flores guarnecido;
Na rosa adverte que em coral florido
Da Vênus veste o nácar lastimoso.

Anarda, pois, não queiras arrogante
Com desdém singular de rigorosa
As armas desprezar do Deus triunfante:

Como de amor te livras poderosa,
Se em teu gesto florido e rutilante
És estrela, és jasmim, és Sol, és rosa?

Ibidem, p. 2.

SOL E ANARDA

O Sol ostenta a graça luminosa,
Anarda por luzida se pondera;
O Sol é brilhador na quarta esfera,
Brilha Anarda na esfera de formosa.

Fomenta o Sol a chama calorosa,
Anarda ao peito viva chama altera;
O jasmim, cravo e rosa ao Sol se esmera,
Cria Anarda o jasmim, o cravo e rosa.

O Sol à sombra dá belos desmaios,
Com os olhos de Anarda a sombra é clara,
Pinta Maios o Sol; Anarda, Maios.

Mas (desiguais só nisto) se repara
O Sol liberal sempre de seus raios,
Anarda de seus raios sempre avara.

Ibidem, p. 3.

VENDO A ANARDA DEPÕE
O SENTIMENTO

A serpe, que adornando várias cores,
Com passos mais oblíquos que serenos,
Entre belos jardins, prados amenos,
E maio errante de torcidas flores;

Se quer matar a sede os desfavores,
Os cristais bebe co'a peçonha menos,
Porque não morra cos mortais venenos,
Se acaso gosta dos vitais licores.

Assim também meu coração queixoso,
Na sede ardente do feliz cuidado,
Bebe cos olhos teu cristal formoso;

Pois, para não morrer no gosto amado,
Depõe logo o tormento venenoso,
Se acaso gosta o cristalino agrado.

Ibidem, p. 4.

PONDERAÇÃO DO ROSTO E OLHOS DE ANARDA

Quando vejo de Anarda o rosto amado,
Vejo ao Céu e ao jardim ser parecido;
Porque no assombro do primor luzido
Tem o Sol em seus olhos duplicado.

Nas faces considero equivocado
De açucenas e rosas o vestido;
Porque se vê nas faces reduzido
Todo o império de Flora venerado.

Nos olhos e nas faces mais galharda,
Ao Céu prefere quando inflama os raios,
E prefere ao jardim, se as flores guarda:

Enfim, dando ao jardim e ao Céu desmaios,
O Céu ostenta um Sol; dois sóis, Anarda,
Um Maio o jardim logra; ela, dous Maios.

Ibidem, p. 6.

PONDERAÇÃO DO TEJO COM ANARDA

Tejo formoso, teu rigor condeno,
Quando despojas altamente impio
Das lindas plantas o frondoso brio,
Dos férteis campos o tributo ameno.

Nas amorosas lágrimas que ordeno,
Porque cresças em claro senhorio,
Corres ingrato ao lagrimoso rio,
Vás fugitivo com desdém sereno.

149

Oh como representa o desdenhoso
Da bela Anarda teu cristal ativo.
Neste e naquele efeito lastimoso!

Em ti já vejo a Anarda, ó Tejo esquivo,
Se teu cristal se ostenta rigoroso,
Se teu cristal se mostra fugitivo.

Ibidem, p. 7.

ANARDA ESCULPIDA NO CORAÇÃO LAGRIMOSO

Quer esculpir artífice engenhoso
U'a estátua de bronze fabricada,
Da natureza forma equivocada,
Da natureza imitador famoso.

No rigor do elemento luminoso,
(Contra as idades sendo eternizada)
Para esculpir a estátua imaginada,
Logo derrete o bronze lagrimoso.

Assim também no doce ardor que avivo,
Sendo artífice o Amor, que me desvela,
Quando de Anarda faz retrato vivo;

Derrete o coração na imagem dela,
Derramando do peito o pranto esquivo,
Esculpindo de Anarda a estátua bela.

Ibidem, p. 8.

ROSA E ANARDA

Rosa de formosura, Anarda bela
Igualmente se ostenta como a rosa;
Anarda mais que as flores é formosa,
Mais formosa que as flores brilha aquela.

A rosa com espinhos se desvela,
Arma-se Anarda espinhos de impiedosa;
Na fronte Anarda tem púrpura airosa,
A rosa é dos jardins purpúrea estrela.

Brota o carmim da rosa doce alento,
Respira olor de Anarda o carmim breve,
Ambas dos olhos são contentamento;

Mas esta diferença Anarda teve:
Que a rosa deve ao Sol seu luzimento,
O Sol seu luzimento a Anarda deve.

Ibidem, p. 11.

NAVEGAÇÃO AMOROSA

(Madrigal)

É meu peito navio,
São teus olhos o Norte,
A quem segue o alvedrio,
Amor Piloto forte;
Sendo as lágrimas mar, vento os suspiros,
A venda velas são; remos, seus tiros.

Ibidem, p. 11.

PESCA AMOROSA

(Madrigal)

Foi no mar de um cuidado
Meu coração pescado;
Anzóis, os olhos belos;
São linhas teus cabelos
Com solta gentileza,
Cupido, pescador; isca, a beleza.

Ibidem, p. 12.

PONDERAÇÃO DO ROSTO E SOBRANCELHAS DE ANARDA

(Madrigal)

Se as sobrancelhas vejo,
Setas despedes contra o meu desejo;
Se do rosto os primores,
Em teu rosto se pintam várias cores;
Vejo, pois, para pena e para gosto
As sobrancelhas arco; Íris, o rosto.

lbidem, p. 13.

SEPULCRO AMOROSO

(Madrigal)

Já morro, doce ingrata,
Já teu rigor me mata:

Seja enterro o tormento
Que inda morto alimento;
Por responsos, as queixas,
Se tiras-me a vida e o amor me deixas;
E por sepulcro aceito,
Pois teu peito é de mármore, teu peito.

Ibidem, p. 16.

ANARDA VENDO-SE A UM ESPELHO

(Madrigal)

Anarda, que se apura
Como espelho gentil da formosura,
Num espelho se via,
Dando dobrada luz ao claro dia;
De sorte que com próvido conselho
Retrata-se um espelho noutro espelho.

lbidem, p. 18.

TEME QUE SEU AMOR NÃO POSSA
ENCOBRIR-SE

(Madrigal)

Não pode, bela ingrata,
Encobrir-se este fogo que me mata;
Que, quando calo as dores,
Teme meu coração que entre os ardores
Das chamas que deseja,
Meu peito se abra e minha fé se veja.

lbidem, p. 19.

SONO POUCO PERMANENTE

(Décima)

Quando, Anarda, o sono brando
Quer suspender meus tormentos,
Condenado os sentimentos,
Os desvelos embargando;
Dura pouco, porque, quando
Cuido que em belo arrebol
Estou vendo teu farol,
Foge o sono à cova fria;
Porque lhe amanhece o dia,
Porque lhe aparece o Sol.

Ibidem, p. 23.

CRAVO NA BOCA DE ANARDA

(Décima)

Quando a púrpura formosa
Desse cravo, Anarda bela,
Em teu céu se jacta estrela,
Senão luzente, olorosa;
Equivoca-se lustrosa,
(Por não receber o agravo
De ser nessa boca escravo)
Pois é, quando o cravo a toca,
O cravo, cravo da boca;
A boca, boca de cravo.

Ibidem, p. 24.

ROSA NA MÃO DE ANARDA ENVERGONHADA

(Décima)

Na bela Anarda u'a rosa,
Brilhando desvanecida,
Padeceu por atrevida
Menoscabos de formosa:
Porém não, que vergonhosa
Com mais bela galhardia
Do que era d'antes, se via;
Pois quando se envergonhava,
Mais vermelha se jactava,
Mais formosa se corria.

Ibidem, p. 25.

ECO DE ANARDA

(Décima)

Entre males desvelados,
Entre desvelos constantes,
Entre constâncias amantes,
Entre amores castigados;
Entre castigos chorados
E choros que o peito guarda,
Chamo sempre a bela Anarda;
E logo a meu mal, fiel,
Eco de Anarda cruel,
Só responde ao peito que arda.

Ibidem, p. 26.

ANARDA DOENTE

(Romance)

Anarda enferma flutua,
E quando flutua enferma,
Jaz doente a formosura,
Está formosa a doença.

Se nela a doença triste
Bela está, que será nela,
De tanta graça o donaire!
De tanta luz a beleza!

Se o mal é sombra ou eclipse,
E pensão das luzes certa,
Que ao Céu uma sombra aspire,
Que ao Sol um eclipse ofenda.

Cruéis prognósticos vejo,
Pois são ameaças feras,
O Sol entre eclipses pardos,
O Céu entre nuvens densas.

Quando as belas flores sentem
De Anarda a grave tristeza,
Digam-no as rosas na face,
Digam-no os jasmins na testa.

Faltam flores, faltam luzes,
Pois ensina Anarda bela
Lições de flores ao Maio,
E leis de luzes à Esfera.

As almas se admiram todas
Em repugnâncias austeras,
Vendo enferma a mesma vida,
Vendo triste a glória mesma.

Desdenhado Amor se vinga,
Se n'ânsia a febre a condena;
Pois qual ânsia amor se forja,
Pois qual febre amor se gera.

Basta já, Frecheiro alado,
Bate as asas, solta a venda;
Do rosto o suor lhe alimpa,
Do peito o ardor refresca.

Vem depressa, Amor piedoso,
Que te importa, pois sem ela
Em vão excitas as chamas,
Em vão despedes as setas.

Mas não teme a morte Anarda,
Que se u'a morte a cometa,
Com mil almas se defende,
Com mil corações se alenta.

De mais sim que nunca a Parca
Contra Anarda se atrevera,
Que contra as frechas da morte
Fulmina de Amor as frechas.

Ibidem, p. 31-32.

ANARDA COLHENDO NEVE

(Romance)

Colhe a neve a bela Anarda,
E nos peitos encendidos
Contra delitos de fogo
Arma de neve castigos.

Na brancura, na tibieza
Tem dois triunfos unidos;
Vence a neve à mesma neve,
Vence o frio ao mesmo frio.

Congela-se e se derrete
De sorte que em branco estilo
A um desdém se há congelado
A dois sóis se há derretido.

Se já não é que os candores
Daquela neve vencidos,
Liquidam-se pranto a pranto,
Lastimam-se fio a fio.

As mãos escurecem tanto
A neve que em pasmos lindos
O que era prata chuvosa,
Ficava azeviche tíbio.

A seu Sol suspiros voam,
E tornam por atrevidos,
Como exalações do peito,
Em nevados desperdícios.

Da neve tiros me vibra,
E felizmente imagino
Que não são tiros de neve,
Que são mãos de Anarda os tiros.

Frustra a neve seus efeitos,
Que me tinham defendido,
De Anarda o Sol luminoso,
De Amor o fogo nocivo.

Ibidem, p. 35.

À MORTE FELICÍSSIMA DE UM JAVALI PELO TIRO, QUE NELE FEZ UMA INFANTA DE PORTUGAL

Não sei se diga (ó bruto) que viveste,
Ou se alcançaste morte venturosa;
Pois morrendo da destra valorosa,
Melhor vida na morte mereceste.

Esse tiro fatal de que morreste
Em ti fez uma ação tão generosa,
Que entre o fogo da pólvora ditosa
Da nobre glória o fogo recebeste.

Deves agradecer essa ferida,
Quando esse tiro o coração te inflama,
Pois a maior grandeza te convida:

De sorte que te abriu do golpe a chama
Uma porta perpétua para a vida,
U'a boca sonora para a fama.

Ibidem, p. 43.

A UM GRANDE SUJEITO INVEJADO E
APLAUDIDO

Temerária, soberba, confiada,
Por altiva, por densa, por lustrosa,
A exalação, a Névoa, a Mariposa,
Sobe ao Sol, cobre o dia, a luz lhe enfada.

Castigada, desfeita, malograda,
Por ousada, por débil, por briosa,
Ao raio, ao resplandor, à luz formosa,
Cai triste, fica vã, morre abrasada.

Contra vós solicita, empenha, altera,
Vil afeto, ira cega, ação perjura,
Forte ódio, rumor falso, inveja fera.

Esta cai, morre aquele, este não dura,
Que em vós logra, em vós acha, em vós venera,
Claro Sol, dia cândido, luz pura.

Ibidem, p. 44.

A MORTE DO REVERENDO
PADRE ANTÔNIO VIEIRA

Foste, Vieira, engenho tão subido,
Tão singular e tão avantajado,
Que nunca sereis mais de outro imitado,
Bem que sejais de todos aplaudido.

Nas sacras Escrituras embebido,
Qual Agostinho, fostes celebrado;
Ele, de África assombro venerado;
Vós, de Europa portento esclarecido.

Morrestes, porém não, que ao Mundo atroa
Vossa pena que aplausos multiplica,
Com que de eterna vida vos coroa;

E, quando imortalmente se publica,
Em cada rasgo seu a fama voa,
Em cada escrito seu u'a alma fica.

Ibidem, p. 86.

À ILHA DE MARÉ TERMO DESTA CIDADE DA BAHIA

(Silva)

Jaz em oblíqua forma e prolongada
A terra de Maré, toda cercada
De Netuno, que, tendo o amor constante,
Lhe dá muitos abraços por amante,
E, botando-lhe os braços dentro dela,
A pretende gozar, por ser mui bela.

Nesta assistência tanto a senhoreia
E tanto a galanteia,
Que, do mar, de Maré tem o apelido,
Como quem preza o amor de seu querido:

E, por gosto das prendas amorosas,
Fica maré de rosas,
E, vivendo nas ânsias sucessivas,
São do amor marés vivas;
E, se nas mortas menos a conhece,
Maré de saudades lhe parece.

Vista por fora é pouco apetecida,
Porque aos olhos por feia é parecida;
Porém, dentro habitada,
É muito bela, muito desejada,
É como a concha tosca e deslustrosa
Que dentro cria a pérola formosa.

Erguem-se nela outeiros
Com soberbas de montes altaneiros,
Que os vales por humildes desprezando,
As presunções do Mundo estão mostrando,
E, querendo ser príncipes subidos,
Ficam os vales a seus pés rendidos.

Por um e outro lado
Vários lenhos se vêem no mar salgado;
Uns vão buscando da Cidade a via,
Outros dela se vão com alegria;
E na desigual ordem
Consiste a formosura na desordem.

Os pobres pescadores em saveiros,
Em canoas ligeiros,
Fazem com tanto abalo
Do trabalho marítimo regalo;
Uns as redes estendem

E vários peixes por pequenos prendem;
Que até nos peixes com verdade pura
Ser pequeno no Mundo é desventura:
Outros no anzol fiados têm
Aos míseros peixes enganados,
Que sempre da vil isca cobiçosos
Perdem a própria vida por gulosos.

Aqui se cria o peixe regalado
Com tal sustância e gosto preparado,
Que sem tempero algum para apetite
Faz gostoso convite,
E se pode dizer em graça rara
Que a mesma natureza os temperara.

Não falta aqui marisco saboroso,
Para tirar fastio ao melindroso;
Os Polvos radiantes,
Os lagostins flamantes,
Camarões excelentes,
Que são dos lagostins pobres parentes;
Retrógrados cranguejos,
Que formam pés das bocas com festejos,
Ostras, que alimentadas
Estão nas pedras, onde são geradas;
Enfim tanto marisco em que não falo,
Que é vário perrexil para o regalo.

As plantas sempre nela reverdecem,
E nas folhas parecem,
Desterrando do Inverno os desfavores,
Esmeraldas de Abril em seus verdores,
E delas por adorno apetecido
Faz a divina Flora seu vestido.

As fruitas se produzem copiosas
E são tão deleitosas,
Que, como junto ao mar o sítio é posto,
Lhes dá salgado o mar o sal do gosto.
As canas fertilmente se produzem
E a tão breve discurso se reduzem,
Que, porque crescem muito,
Em doze meses lhe sazona o fruito,
E não quer, quando o fruto se deseja,
Que sendo velha a cana, fértil seja.

As laranjas da terra
Poucas azedas são, antes se encerra
Tal doce nestes pomos,
Que o tem clarificado nos seus gomos;
Mas as de Portugal entre alamedas
São primas dos limões, todas azedas.

Nas que chamam da China
Grande sabor se afina,
Mais que as da Europa doces e melhores,
E têm sempre a vantagem de maiores,
E, nesta maioria,
Como maiores são, têm mais valia.

Os limões não se prezam,
Antes, por serem muitos, se desprezam.
Ah se Holanda os gozara!
Por nenhuma província se trocara.

As cidras amarelas
Caindo estão de belas
E, como são inchadas, presumidas,
É bem que estejam pelo chão caídas.

As uvas moscatéis são tão gostosas,
Tão raras, tão mimosas;
Que, se Lisboa as vira, imaginara
Que alguém dos seus pomares as furtara;
Delas a produção, por copiosa,
Parece milagrosa,
Porque dando em um ano duas vezes,
Geram dois partos, sempre, em doze meses.

Os Melões celebrados
Aqui tão docemente são gerados,
Que cada qual tanto sabor alenta,
Que são feitos de açúcar e pimenta,
E, como sabem bem com mil agrados,
Bem se pode dizer que são letrados;
Não falo em Valariça nem Chamusca:
Porque todos ofusca
O gosto destes, que esta terra abona
Como próprias delícias de Pomona.

As melancias com igual bondade
São de tal qualidade,
Que, quando docemente nos recreia,
É cada melancia u'a colmeia,
E às que tem Portugal lhe dão de rosto
Por insulsas abóboras no gosto.

Aqui não faltam figos,
E os solicitam pássaros amigos,
Apetitosos de sua doce usura,
Porque cria apetites a doçura;
E, quando acaso os matam
Porque os figos maltratam,
Parecem mariposas, que, embebidas
Na chama alegre, vão perdendo as vidas.

As Romãs rubicundas, quando abertas,
À vista agrados são; à língua, ofertas,
São tesouro das fruitas entre afagos,
Pois são rubis suaves os seus bagos.
As fruitas quase todas nomeadas
São ao Brasil de Europa trasladadas,
Por que tenha o Brasil por mais façanhas
Além das próprias fruitas, as estranhas.

E, tratando das próprias, os coqueiros,
Galhardos e frondosos,
Criam cocos gostosos;
E andou tão liberal a natureza,
Que lhes deu por grandeza,
Não só para bebida, mas sustento,
O néctar doce, o cândido alimento.
De várias cores são os cajus belos,
Uns são vermelhos, outros amarelos,
E, como vários são nas várias cores,
Também se mostram vários nos sabores;
E criam a castanha,
Que é melhor que a de França, Itália, Espanha.

As pitangas fecundas
São na cor rubicundas
E no gosto picante comparadas
São de América ginjas disfarçadas.

As pitombas douradas, se as desejas,
São no gosto melhor do que as cerejas,
E, para terem o primor inteiro,
A vantagem lhes levam pelo cheiro.

Os Araçases, grandes ou pequenos,
Que na terra se criam mais ou menos
Como as pêras de Europa engrandecidas,
Com elas variamente parecidas,
Também se fazem delas
De várias castas marmeladas belas.

As bananas, no Mundo conhecidas
Por fruito e mantimento apetecidas,
Que o Céu para regalo e passatempo
Liberal as concede em todo o tempo,
Competem com maçãs ou baonesas
Com peros verdeais ou camoesas.
Também servem de pão aos moradores,
Se da farinha faltam os favores;
É conduto também que dá sustento,
Como se fosse próprio mantimento;
De sorte que, por graça ou por tributo,
É fruto, é como pão, serve em conduto.

A pimenta elegante
É tanta, tão diversa e tão picante,
Para todo o tempero acomodada,
Que é muito avantajada
Por fresca e por sadia
À que na Ásia se gera, Europa cria.

O mamão, por freqüente,
Se cria vulgarmente,
E não o preza o Mundo,
Porque é muito vulgar em ser fecundo.

O Marcujá também gostoso e frio
Entre as fruitas merece nome e brio;
Tem nas pevides mais gostoso agrado
Do que açúcar rosado;
É belo, cordial e, como é mole.
Qual suave manjar todo se engole.

Vereis os Ananases,
Que para Rei das frutas são capazes;
Vestem-se de escarlata
Com majestade grata,
Que, para ter do império a gravidade,
Logram da c'roa verde a majestade;
Mas, quando têm a c'roa levantada
De picantes espinhos adornada,
Nos mostram que entre Reis, entre Rainhas
não há c'roa no Mundo sem espinhas.
Este pomo celebra toda a gente,
É muito mais que o pêssego excelente,
Pois lhe leva vantagem gracioso
Por maior, por mais doce e mais cheiroso.

Além das fruitas que esta terra cria
Também não faltam outras na Bahia;
A mangava mimosa,
Salpicada de tintas por formosa,
Tem o cheiro famoso,
Como se fora almíscar oloroso;
Produze-se no mato
Sem querer da cultura o duro trato,
Que como em si toda a bondade apura,
Não quer dever aos homens a cultura.
Oh que galharda fruita e soberana

Sem ter indústria humana,
E, se Jove as tirara dos pomares,
Por Ambrosia as pusera entre os manjares!

Com a mangava bela a semelhança
Do Macujé se alcança;
Que também se produz no mato inculto
Por soberano indulto:
E, sem fazer ao mel injusto agravo,
Na boca se desfaz qual doce favo.

Outras fruitas dissera, porém basta
Das que tenho descrito a vária casta;
E vamos aos legumes, que plantados
São do Brasil sustentos duplicados.

Os Mangarás, que brancos ou vermelhos,
São da abundância espelhos;
Os cândidos inhames, se não minto,
Podem tirar a fome ao mais faminto.

As batatas, que assadas ou cozidas,
São muito apetecidas;
Delas se faz a rica batatada
Das Bélgicas nações solicitada.
Os carás, que de roxo estão vestidos,
São Lóios dos legumes parecidos,
Dentro são alvos, cuja cor honesta
Se quis cobrir de roxo por modesta.

A Mandioca, que Tomé sagrado
Deu ao gentio amado,
Tem nas raízes a farinha oculta:
Que sempre o que é feliz se dificulta.

E parece que a terra, de amorosa,
Se abraça com seu fruito deleitosa;
Dela se faz com tanta atividade
A farinha, que, em fácil brevidade,
No mesmo dia sem trabalho muito
Se arranca, se desfaz, se coze o fruito;

Dela se faz também com mais cuidado
O beiju regalado,
Que feito tenro por curioso amigo
Grande vantagem leva ao pão de trigo.
Os Aipins se aparentam
Co'a mandioca e tal favor alentam,
Que tem qualquer, cozido ou seja assado,
Das castanhas da Europa o mesmo agrado.

O milho, que se planta sem fadigas,
Todo o ano nos dá fáceis espigas,
E é tão fecundo em um e em outro filho,
Que são mãos liberais as mãos de milho.

O Arroz semeado
Fertilmente se vê multiplicado;
Cale-se de Valença, por estranha
O que tributa a Espanha,
Cale-se do Oriente
O que come o gentio e a Lísia gente;
Que o do Brasil, quando se vê cozido,
Como tem mais substância, é mais crescido.

Tenho explicado as fruitas e legumes,
Que dão a Portugal muitos ciúmes;
Tenho recopilado
O que o Brasil contém para invejado,

E, para preferir a toda a terra,
Em si perfeitos quatro AA encerra.
Tem o primeiro A, nos arvoredos,
Sempre verdes aos olhos, sempre ledos;
Tem o segundo A, nos ares puros,
Na tempérie agradáveis e seguros;
Tem o terceiro A, nas águas frias,
Que refrescam o peito e são sadias;
O quarto A, no açúcar deleitoso,
Que é do Mundo o regalo mais mimoso.

São pois os quatro AA por singulares
Arvoredos, Açúcar, Águas, Ares.
Nesta ilha está mui ledo e mui vistoso
Um Engenho famoso,
Que, quando quis o fado antigamente,
Era rei dos engenhos preeminente,
E, quando Holanda pérfida e nociva
O queimou, renasceu qual Fênix viva.

Aqui se fabricaram três Capelas
Ditosamente belas,
U'a se esmera em fortaleza tanta,
Que de abóbada forte se levanta;
Da Senhora das Neves se apelida,
Renovando a piedade esclarecida,
Quando em devoto sonho se viu posto
O nevado candor no mês de Agosto.

Outra Capela vemos fabricada,
A Xavier ilustre dedicada,
Que o Maldonado Pároco entendido
Este edifício fez agradecido
A Xavier, que foi em sacro alento
Glória da Igreja, do Japão portento.

Outra Capela aqui se reconhece,
Cujo nome a engrandece,
Pois se dedica à Conceição sagrada
Da Virgem pura sempre imaculada,
Que foi por singular e mais formosa
Sem manchas lua, sem espinhos Rosa.

Esta Ilha de Maré ou de alegria,
Que é termo da Bahia,
Tem quase tudo quanto o Brasil todo,
Que de todo o Brasil é breve apodo;
E se algum tempo Citeréia a achara,
Por esta sua Chipre desprezara,
Porém tem com Maria verdadeira
Outra Vênus melhor por padroeira.

Ibidem, p. 127-36.

Sebastião da Rocha Pita

Sebastião da Rocha Pita nasceu na Bahia, em 1660. Depois de estudar com os jesuítas, embarcou para Coimbra, onde se formou em Cânones. De volta, ingressou na vida militar e na administração da cidade. Foi proprietário de engenho e fidalgo da Casa Real. Participou ativamente da fundação e da manutenção da Academia Brasílica dos Esquecidos, em 1724, tendo presidido a uma de suas conferências. Adotou o nome de Acadêmico Vago. Em decorrência de sua integração com o espírito da Academia, escreveu *História da América portuguesa*, editada em Lisboa, em 1730. Faleceu oito anos depois. Nesse livro extraordinário, Rocha Pita aplica processos típicos da poesia de Góngora e de Marino ao estilo historiográfico, de onde resulta uma prosa insinuante e cheia de sugestões cromáticas. Aí, percebem-se também tópicas descritivas comuns à poesia brasileira do período, como as que se encontram em Botelho de Oliveira ("À ilha de Maré") e em Santa Maria Itaparica ("Descrição da ilha de Itaparica"). Foi poeta de vivo

interesse. Se sua prosa possui filiação culterana, a poesia prefere o tom dissertativo das disputas conceituais, de origem quevediana e dominante entre os esquecidos. Em seus poemas, Rocha Pita tematiza com freqüência o conceito de academia, que julgava ser um centro de estudos não só da História, mas também da Poesia, tendo deixado, nesse sentido, composições em que se sintetizam preceitos importantes para a compreensão do código poético da época. Num soneto sobre as duas disciplinas, aborda a tópica da imortalidade pelas Letras. Em outro, louvando a Academia, sugere que a Bahia deve ser terra de *agudeza* e de *Engenhos* (com duplo sentido). Na homenagem ao secretário José da Cunha Cardoso, diz que os poetas devem ser providos de *agudeza* e *conceitos*. Ao lamentar a morte de uma criança picada por serpente, pondera que, se o assunto não for belo, compete à poesia torná-lo lindo. Os poemas de Rocha Pita lidos nas seções da Academia dos Esquecidos foram editados por José Aderaldo Castelo nos cinco primeiros tomos de *O movimento academicista no Brasil: 1641-1820/22*, São Paulo: Conselho Estadual de Cultura, 1969-1971. Péricles Eugênio da Silva Ramos apresenta excelente seleção dessas poesias em sua antologia *Poesia barroca*, 2. ed. São Paulo: Melhoramentos, 1977.

AO SERENÍSSIMO SENHOR REI D. JOÃO V, NO GRANDE EMPENHO COM QUE PROTEGE E EXALTA AS LETRAS. ASSUNTO HERÓICO DA NOSSA ACADEMIA BRASÍLICA

Monarca Augusto da ciência amante,
Quinto João em tudo preeminente,
No estilo mais que Cícero eloqüente,
Na observação dos Céus maior que Atlante,

Que elevais a Hemisfério dominante
A ordem Literária, a Toga ciente,
E no Grêmio do Cetro mais potente
Dais às letras lugar tão relevante.

As letras cá na terra sempre invictas
Serão por vós agora sem cautelas
Colocadas na Esfera a novas ditas.

Nesse papel celeste em lições belas
Poreis constelações de novo escritas
Luzindo os Caracteres como Estrelas.

O movimento academicista no Brasil: 1641-1820/22,
José Aderaldo Castelo, vol. I, tomo 1. São Paulo:
Conselho Estadual de Cultura, 1969, p. 174.
Poesia barroca, Péricles Eugênio da Silva Ramos. 2. ed.
São Paulo: Melhoramentos, 1977, p. 114. Como nos
demais textos do poeta, a pontuação, aqui sofreu
pequena alteração.

EM LOUVOR DO EXCELENTÍSSIMO SENHOR VASCO FERNANDES CÉSAR DE MENESES, VICE-REI E CAPITÃO GERAL DE MAR E TERRA DESTE ESTADO, INSTITUIDOR E PROTETOR DE NOSSA ACADEMIA BRASÍLICA, QUE SE FAZ EM PALÁCIO NA SUA PRESENÇA

Ao César Português brando e severo,
Que, irmanando o valor com a prudência,
Sabe ser absoluto e ter clemência,
Ser Alcides valente, sem ser fero.

Não César, mas Deidade o considero,
Formando uma Palestra da ciência,
Que há de ser vida ilustre da eloqüência,
Alento de Platão, Alma de Homero.

Dos Alunos desta Aula tão ciente
Não é Minerva o Nume que os comove,
Quando tem este Júpiter presente.

Só esta causa superior os move
Pois se Minerva os produziu da mente
Ele nasceu do Cérebro de Jove.

O movimento academicista no Brasil: 1641-1820/22,
op. cit., vol. I, tomo 1, p. 63-64.

EM LOUVOR DA NOSSA ACADEMIA
COM O TÍTULO DOS ESQUECIDOS

Nesta ilustre Academia, a quem a História
E a Poesia hão de dar o fundamento,
Competindo uma e outra alento a alento,
Se há de cantar por ambas a vitória.

O ser dos esquecidos tem por glória,
Mas com diverso efeito e sentimento,
Quanto se humilha mais no esquecimento
Tanto mais se levanta na memória.

Os seus Alunos sairão prezados
Do silêncio em que estavam escondidos:
A vida nova, empregos duplicados.

E, se em outras Potências e sentidos,
Os vivos podem ser ressuscitados,
Eles serão lembrados e esquecidos.

O movimento academicista no Brasil: 1641-1820/22,
op. cit., vol. I, tomo 1, p. 94.

EM LOUVOR DA NOSSA ACADEMIA
COM O TÍTULO DE BRASÍLICA

Esta Aula do Brasil, heróica empresa,
Que Academia Brasílica se chama,
Cuja luz há de dar brilhante flama,
Cuja Esfera há de ter toda a grandeza:

Se do Brasil a célebre franqueza
Com tal consternação a move e inflama,
Quanto aos brados, terá soberba fama;
Quanto às composições, grande riqueza.

Nesta América, podem ter segura
Execução os seus altos empenhos;
Todos os seus escritos, formosura.

Pois não hão de faltar aos seus desenhos
Suavidade na Pátria da doçura,
Agudeza na terra dos Engenhos.

O movimento academicista no Brasil: 1641-1820/22,
op. cit., vol. I, tomo 1, p. 93-94.

AO SENHOR DOUTOR JOSÉ DA CUNHA CARDOSO, MERITÍSSIMO SECRETÁRIO DA NOSSA ACADEMIA

Insigne Cunha, que da nova Atenas
A máquina moveis mais peregrina,
E da nossa moderna Cabalina
As Águas represais sempre serenas.

As Portas nos abri áureas e amenas
Desta douta Palestra, Aula divina,
Já que tende as chaves da Oficina,
E sois guarda do Tombo das Camenas.

Como dos pensamentos mais perfeitos
Ilustre Arquivo sois, fecundo Erário,
Nos provei da agudeza e seus efeitos.

Pois em prosa elegante e metro vário
Só pode dar despachos de conceitos
Quem é do entendimento Secretário.

O movimento academicista no Brasil: 1641-1820/22,
op. cit., vol. I, tomo 1, p. 24.

SOBRE A EMPRESA DA ACADEMIA, O SOL NASCIDO NO OCIDENTE

Mudou o Sol o Berço refulgente,
Ou fez Berço do Túmulo arrogante
Galhardo onde se punha agonizante
Com luz no Ocaso e sombra no Oriente.

Não morre agora o Sol, quer diferente
No Aspecto, se na vida semelhante
No Oriente nascer menos flamante
E renascer mais belo no Ocidente.

Fênix de raio a uma e outra parte
Comunica os incêndios e fulgores,
Porém com diferença hoje os reparte.

Nasce lá no Oriente só em ardores,
No Ocidente a ilustrar Ciência e Arte
Renasce em Luzes, vive em resplendores.

O movimento academiscista no Brasil: 1641-1820/22,
op. cit., vol. I, tomo 1, p. 94-95.
Poesia barroca, op. cit., p. 112.

REPENTE AO QUAL DERAM ASSUNTO OS ACIDENTES DO TEMPO E AS CIRCUNSTÂNCIAS DO DIA 23 DE ABRIL (CONJUNÇÃO DA LUA NOVA) EM QUE SE ABRE A NOSSA ACADEMIA BRASÍLICA

A ver do Sol o novo nascimento,
A nova Lua veio prontamente
Um e outro Planeta no Ocidente
Trazendo o seu efeito e movimento.

O Sol em raios grande luzimento,
A Lua em águas copiosa enchente
Assistindo a Academia mais ciente
E concorrendo a dar-lhe o fundamento.

Para encher ao Congresso de favores
Mais se expende um Planeta, outro mais arde,
O dia repartindo em seus primores.

Ambos fazem do seu obséquio Alarde
Um em cristais e outro em resplendores
A Lua de manhã e o Sol de tarde.

O movimento academicista no Brasil: 1641-1820/22,
op. cit., vol. I, tomo 1, p. 98.
Poesia barroca, op. cit., p. 113.

EM LOUVOR DA NOSSA ACADEMIA, COMPREENDENDO OS ASSUNTOS DOS SEIS SONETOS ANTECEDENTES*

(Romance)

Douta Palestra de sábios,
Das Letras alto edifício,
Templo da memória adonde
São os simulacros vivos.

Capitólio venerando
Onde é Ídolo o Juízo,
São vítimas os conceitos
E os Estudos sacrifícios.

Anfiteatro da Fama,
Das ciências obelisco,
Troféu adonde as Potências
Têm suspensos aos sentidos.

Compêndio da Erudição,
De toda a elegância Arquivo,
Em que a lição chega a pasmo,
Passa o discurso a prodígio.

Com o Protetor que tendes,
Tão excelso e tão invicto,
A quem deu o Tejo cultos
E pagou párias o Indo,

Que Vice-Rei de dois Impérios
Opulentos e estendidos
Só das ações fez Tesouro,
Das riquezas desperdício,

---

* Dos sonetos mencionados, três encontram-se na presente antologia, entre as pp. 177-79.

Permanecereis eterna
Apesar do rigor nímio
Do tempo e suas injúrias,
Da morte e seus homicídios.

Bem por empresa tomastes no
Ocidente ao Sol nascido,
Manifestando-lhe o Berço
Adonde tinha o jazigo,

Porque o nosso Protetor
Por Esfera e glória altivo
Para abundar ao Ocidente
De luzes e benefícios,

Quando no Oriente esteve
Tendo até no Sol domínio
Não quis trazê-lo no carro
E no Berço o tem trazido.

Com fantasia contrária
Chamar-vos dos esquecidos
Gentil ênfase parece
Ou foi discreto delírio.

Título mal conformado,
Enigma bem entendido
Informando esquecimentos
E memórias prevenindo.

Nesta Figura se vê,
Como em rascunho indistinto,
Que os esquecidos lembrados
Hão de ser por este arbítrio.

Caducarão as memórias
De Túlio, Salústio e Lívio,
Andarão a rasto as penas
De Ovídio, Homero e Virgílio.

Porque hão de subir mais alto
Em Metro, Elegância e estilo
Um Cunha, um Gama, um Barbosa,
Um Soares e dois Britos.

Se do Brasil derivais
O sobrenome, é preciso
Serem liberais os partos,
Pois o terreno é tão rico.

Doce há de ser o trabalho
E suave os escritos
Onde o açúcar anda a montes,
Onde corre o mel a Rios.

Foi ponderação piedosa
Dos vossos Alunos dignos
O dia em que se formou
Este colégio erudito.

Porque veio a ser no próprio
De Santo Tomás de Aquino,
Sendo este sucesso acaso
Como se fora previsto.

Porém não foi contingência,
Mas especial auspício,
Pois só um Doutor celeste
Pudera dar-lhe princípio.

Florescei, Palestra insigne,
Logrando em seguro Asilo
No Protetor tanta glória
No Santo tal Patrocínio.

O movimento academiscista no Brasil: 1641-1820/22,
op. cit., vol. I, tomo 1, p. 95-97.

UM BELO MENINO BRINCANDO EM UM JARDIM COM FLORES, O MORDEU UM ÁSPIDE E LOGO MORREU. ASSUNTO LÍRICO DA PRESENTE ACADEMIA

Seja o verso pequeno,
E breve o estilo,
Pois o lírico Assunto
É de um menino.

Bem que belo não fora,
Será preciso
Que o poder do toante
O faça lindo.

De Nácar e Neve
Composto vivo,
Era cristal com alma,
Flor com sentidos.

Dera em um Jardim
Pasmo aos Jacintos,
As Angélicas Xeque,
Mate aos Narcisos.

Ao brincar com todos
Foi de improviso,
Não de Abelha picado,
De Áspide mordido.

Cai logo coberto
De um suor tíbio,
Que por ser de Aljôfar
Era Rocio.

A morte recebeu
Em um delíquio,
Sem que a vida lhe deva
Um só suspiro.

Mas ser morto decerto
Eu não o afirmo,
Porque a todos parece
Que está dormindo.

Matar por este modo
Fraco inimigo,
Sendo fatalidade,
Parece brinco.

Em um quadro de flores,
Tal paroxismo
Morte foi de Jasmim
Ou é delírio.

Das mais formosas flores
O labirinto,
Lamentando o caso
Se pôs marchito.

Um Jardim foi a Vênus
No parto abrigo
Porque sobre as flores
Nasceu Cupido.

Sendo vária a Estância
Aos dois Meninos,
Um encontrou afagos,
Outro castigos.

Lá na Quinta dos Padres
Foi o conflito,
Do qual tirou devassa
Padre Ministro.

Desterrou ao Áspide
Do seu distrito,
E ao menino morto
Lhe deu jazigo.

O movimento academicista no Brasil: 1641-1820/22,
op. cit., vol. I, tomo 2, p. 98.
Poesia barroca, op. cit., p. 116-18.

AO MESMO ASSUNTO LÍRICO, FALANDO COM O ÁSPIDE

Triste Gusano, escândalo de Flora
Que nos Jardins profanas aleivoso
Tanto vulgo de flores precioso,
Regado com as lágrimas da Aurora.

Inimigo Cruel, que a vista ignora
Quanto menos soberbo, mais danoso
Que deste em golpe humilde e lastimoso
A uma vida pueril morte traidora.

Um menino de idade apenas viva
Em buscar belo, no Jardim candores
Que culpa cometeu tão excessiva.

Conjuração parecem tais rigores,
Sendo tirana morte intempestiva
Ciúme teu, emulação das flores.

O movimento academicista no Brasil: 1641-1820/22,
op. cit., op. cit., vol. I, tomo 2, p. 304.

TOMANDO UMA DAMA NA BOCA UMAS PÉROLAS, SE LHE QUEBRARAM ALGUNS DENTES. ASSUNTO LÍRICO DA PRESENTE ACADEMIA

Quando Fílis as lágrimas bebia,
Em um fio de Pérolas brilhante
Da matutina luz, bela e flamante
Precursora do Sol e Mãe do Dia,

Uns dentes se lhe partem à porfia
Para a união das Pérolas amante,
Que sendo a qualidade semelhante
Os quis conglutinar a simpatia.

Bem que ao beber as Pérolas luzentes
Se lhe quebrem os dentes, julga e toca
Não serem as matérias diferentes,

Pois sem se conhecer mudança ou troca
Enfiados por Pérolas os dentes
Têm por dentes as Pérolas na boca.

O movimento academicista no Brasil: 1641-1820/22,
op. cit., vol. I, tomo 2, p. 248.
Poesia barroca, op. cit., p. 119.

QUEM CALA VENCE. ASSUNTO HERÓICO DA PRESENTE CONFERÊNCIA

Fala o Mar no contínuo movimento,
O fogo em línguas as Esferas toca,
A terra em terremotos abre a boca,
Em sibilantes sopros silva o vento.

Logo como a dizer seu sentimento
Uma alma racional se não provoca,
Quando o silêncio pelas vozes troca
Sem uso da razão cada Elemento?

Como pode vencer quem pouco ativo?
Não manda à boca quanto o peito encerra
E estando mudo não parece vivo.

Só triunfa em falar, em calar erra,
O racional vivente discursivo
Falando o Vento, o Fogo, o Mar e a Terra.

Poesia barroca, op. cit., p. 124.

AMOR COM AMOR SE PAGA E AMOR COM AMOR SE APAGA. ASSUNTO LÍRICO DA PRESENTE CONFERÊNCIA

Deste Apotema vigilante e cego
Uma parte confirmo, outra reprovo,
Que o Amor com Amor se paga provo,
Que o Amor com Amor se apaga nego.

Tendo os Amores um igual sossego,
Se estão pagando a fé sempre de novo
Mas a crer que se apagam me não movo,
Sendo fogo e matéria Amor e emprego.

Se de incêndios costuma Amor nutrir-se,
Uma chama com outra há de aumentar-se,
Que em si mesmas não devem consumir-se.

Com razão deve logo duvidar-se
Quando um Amor com outro sabe unir-se
Como um fogo com outro há de apagar-se?

Poesia barroca, op. cit., p. 125.

Anastácio Ayres de Penhafiel

Figura enigmática, Anastácio Ayres de Penhafiel foi membro ativo da Academia dos Esquecidos. Tornou-se conhecido graças ao "Labirinto cúbico", divulgado por Péricles Eugênio da Silva Ramos, em *Poesia barroca*. Dedicado ao vice-rei Vasco Fernandes César de Meneses, o poema compõe-se de uma massa visual constituída pelas letras da frase latina *in utroque cesar*, que se explica como apropriação de outra, *in utroque iure*, normalmente justaposta ao título de doutores que se especializavam em direito civil e em direito canônico. Associando Vasco Fernandes a Júlio César, o poema sugere que o vice-rei é tão valioso quanto o romano, célebre por suas batalhas e por seus escritos. Trata-se de variante da tópica camoniana do homem como poeta e soldado: *numa mão sempre a pena e noutra a espada*. A expressão latina pode, nas margens, ser lida em diversos sentidos, mas sua deformação é mais importante na estrutura dessa máquina engenhosa, que será, antes de tudo, um emblema ou divisa seiscentista, para se impor como pintura que fala, parti-

lhando, portanto, do princípio horaciano do *ut pictura poesis*. A idéia de *labirinto* decorre do equívoco provocado pelas diversas hipóteses de leitura da frase, que nem sempre conduzem a bom termo. O poema costuma ser classificado como pré-concreto, mas a razão histórica talvez sugira que a vanguarda é que retornou a aspectos da poética seiscentista. Quanto ao outro poema de Penhafiel da presente antologia, trata-se de glosa de assunto jocoso proposto em uma das conferências dos Esquecidos: bela dama desdentada permanece calada para ocultar seu defeito. Associando *aljofre* (pérola miúda) a dente; e *rubi*, a gengiva – o texto conclui que a ninfa, perdendo o primeiro, se enriquece com o segundo. Observe-se a gradação cromática entre *aljofres*, *grã* (tinta vermelha), *rubi* e *neve* (pele alva).

A UMA DAMA DESDENTADA QUE NÃO FALAVA POR NÃO MOSTRAR O SEU DEFEITO

Clori, se na concha breve
De vossa boca encerravas
Aljofres que entesouravas
Entre grã, rubis e neve,
Quem roubar-vo-los se atreve?
Mas já o sei e com que fins;
Pois sei que destros malsins
Como vo-los invejaram,
Os aljofres vos roubaram
Deixando-vos os rubins.

Se suspensa não falais
De que desse belo cofre
Vos roubassem tanto aljofre
Quanto aqui dissimulais;
Pois quem pode duvidar
Que é só capaz de falar
Uma Dama que é tão rica,
Que se sem aljofres fica
Inda tem rubis que dar.

O movimento academicista no Brasil: 1641-1820/22,
José Aderaldo Castelo, vol. I, tomo 1. São Paulo:
Conselho Estadual de Cultura, 1969, p. 317.

LABIRINTO CÚBICO

```
I  N  U  T  R  O  Q  U  E  C  E  S  A  R
N  I  N  U  T  R  O  Q  U  E  C  E  S  A
U  N  I  N  U  T  R  O  Q  U  E  C  E  S
T  U  N  I  N  U  T  R  O  Q  U  E  C  E
R  T  U  N  I  N  U  T  R  O  Q  U  E  C
O  R  T  U  N  I  N  U  T  R  O  Q  U  E
Q  O  R  T  U  N  I  N  U  T  R  O  Q  U
U  Q  O  R  T  U  N  I  N  U  T  R  O  Q
E  U  Q  O  R  T  U  N  I  N  U  T  R  O
C  E  U  Q  O  R  T  U  N  I  N  U  T  R
E  C  E  U  Q  O  R  T  U  N  I  N  U  T
S  E  C  E  U  Q  O  R  T  U  N  I  N  U
A  S  E  C  E  U  Q  O  R  T  U  N  I  N
R  A  S  E  C  E  U  Q  O  R  T  U  N  I
```

Poesia barroca, Péricles Eugênio da Silva Ramos.
2. ed. São Paulo: Melhoramentos, 1977, p. 169.

Gonçalo Soares da Franca

Gonçalo Soares da Franca nasceu e formou-se na Bahia. Estudou com os jesuítas, mas professou por outra ordem. Na juventude, foi poeta satírico e relacionou-se com Gregório de Matos, que o menciona em um poema. Na Academia dos Esquecidos, tomou o nome de Acadêmico Obsequioso. Como tal, incumbiu-se da *História eclesiástica do Brasil*, que ficou inédita. O poeta consta da *Biblioteca lusitana* (1752), de Diogo Barbosa Machado. Em *Poesia barroca*, Péricles Eugênio da Silva Ramos oferece notas concisas sobre ele. O poema dedicado ao secretário da Academia, transcrito adiante, é do tipo hermético. Os quartetos constroem enigmas por meio de perífrases fechadas, simetricamente divididas em unidades de dois versos, cujos sentidos se revelam nos substantivos do verso final, os quais se relacionam com as respectivas locuções disseminadas nos quartetos. Assim, tem-se a seguinte correlação: Anfião = *músico tebano*, cuja lira fez as pedras se moverem até construírem Tebas; Apolo = *louro pastor*, que edificou Tróia, a qual,

depois, seria destruída pelo truque do cavalo de madeira de Ulisses (*grego engano*); Arion = *solfista do oceano*, cuja música levou os golfinhos a salvá-lo da morte no mar; Orfeu = *trácio ufano*, cuja música animava as pedras e chegou a sensibilizar as almas do inferno (*reino escuro*). No final, o soneto conclui que os dotes musicais do homenageado eram superiores aos das quatro personagens míticas. A base construtiva do poema é conhecida como disseminação e recolha, que consiste em espalhar palavras ou alusões ao longo do texto e recolhê-las no final. No primeiro terceto, percebe-se hábil repetição quiasmática de *tanto*, *poder* e *todos*. Também hermético, o segundo poema de Gonçalo Franca demonstra inclinação para o jogo dos conceitos, em desconsideração por cores e sons. No primeiro quarteto, Lise implora o alívio do esquecimento (*socorros do descuido*). Em seguida, os sofrimentos se agravam, porque a busca do esquecimento constitui-se em nova espécie de cuidado. Finalmente, a dama sucumbe às dores, porque o esforço de esquecer o bem passado provoca outro mal no presente.

AO SENHOR DOUTOR JOSÉ DA CUNHA CARDOSO, MERITÍSSIMO SECRETÁRIO DA NOSSA ACADEMIA, OFERECE MAIS A VERDADE QUE O AFETO (NÃO SENDO PEQUENO), O ELOGIO DESTE SONETO

Pôde a Lira do músico Tebano
Sonora construir soberbo muro;
Fez do Louro Pastor o aceno puro,
O que depois desfez o Grego engano.

Conseguiu o solfista do Oceano,
Na borrasca maior, maior seguro;
As penas enfrentou do Reino escuro,
Quando as pedras movia, o Trácio ufano.

Tanto puderam todos; mas vós tanto
Mais que todos podeis, que inda receio
Comparar a seu canto o vosso canto:

Se a memória consulto, o ouvido creio,
Pois quando vos escuto, encontro espanto
A Anfião, a Apoio, a Arion, a Orfeu.

O movimento academicista no Brasil: 1641-1820/22,
José Aderaldo Castelo, vol. I, tomo 1. São Paulo:
Conselho Estadual de Cultura, 1969, p. 19.
Poesia barroca, Péricles Eugênio da Silva Ramos, 2. ed.
São Paulo: Melhoramentos, 1977. p. 131.

ASSUNTO LÍRICO: A UMA DAMA QUE, PERDENDO UM GRANDE BEM, SE LEMBRAVA MUITO DE SE ESQUECER DELE

Nas ausências de um bem que amante chora,
Com sempre sucessivo sentimento,
Contra os firmes assaltos do tormento,
Do descuido os socorros, Lise, implora.

Mas tampouco nas ânsias se melhora,
(No remédio agravando o desalento)
Que a mesma pretensão do esquecimento
Parece que o cuidado não ignora.

Como quer esquecer-se da bonança,
Como quer não lembrar-se da vanglória,
O próprio que consegue nunca alcança:

Pois no despojo já, já na vitória,
Que importa que o bem risque da lembrança,
Se cuida em expulsá-lo da memória?

O movimento academicista no Brasil: 1641-1820/22,
op. cit., vol. I, tomo 3, p. 48-49.

Frei Manuel de Santa Maria Itaparica

Frei Manuel de Santa Maria Itaparica nasceu em 1704 na ilha de onde extraiu seu nome artístico e religioso, na Bahia. Ainda jovem, entrou para o convento franciscano, no interior da capitania. Foi pregador. Deve ter falecido em 1769. Pouco antes de morrer, publicou um volume anônimo e sem data, contendo dois textos: "Eustáquidos", poema narrativo em seis cantos, e "Descrição da ilha de Itaparica, Termo da Cidade da Bahia", silva em 65 oitavas camonianas. As duas primeiras estrofes do poema sobre a ilha contêm uma proposição, em que se declara o desejo de exaltação da "Pátria", vocábulo cujo sentido se restringe à geografia do nascimento, no Império português, sem a conotação nacionalista de hoje. A terceira estrofe comporta breve invocação. Depois, segue a descrição, arrematada por um epílogo bem caracterizado. As três primeiras estrofes dificilmente agradarão ao leitor atual. Todavia, o poema não foi concebido para a contemplação estética, mas para a informação versificada, cuja leitura, hoje,

requer um mínimo de predisposição histórica. Por outro lado, seguindo o padrão da enumeração exaustiva das partes (praias, peixes, frutas, flores, habitações), o poeta deseja mostrar habilidade técnica na reprodução do modelo camoniano, particularmente o episódio da ilha dos Amores. Alude também à "Descrição da ilha de Maré", de Botelho de Oliveira. Em rigor, a enumeração dos componentes singelos da paisagem possui a função de emoldurar o grande painel da pesca e do preparo artesanal da baleia. A pintura móvel inicia-se por pequenos peixes e crustáceos, até, gradativamente, chegar ao "Monstro do mar, Gigante do profundo", que, depois de oferecer resistência aos pescadores, é conduzido aos pedaços a grandes caldeirões sobre chamas. Em seguida, a elocução abandona o estilo sublime e retorna à enumeração humilde de elementos pequenos e aprazíveis, como a banana, os limões, o ananás e os cajus. Nos momentos de tensão entre o homem e a besta, além de uma alusão bíblica, o texto remete a versos exclamativos do Velho do Restelo, de *Os lusíadas*.

DESCRIÇÃO DA ILHA DE ITAPARICA
TERMO DA CIDADE DA BAHIA

I

Cantar procuro, descrever intento
Em um Heróico verso e sonoroso
Aquela que me deu o nascimento,
Pátria feliz, que tive por ditoso:
Ao menos co'este humilde rendimento
Quero mostrar lhe sou afetuoso,
Porque é de ânimo vil e fementido
O que à Pátria não é agradecido.

II

Se nasceste no Ponto ou Líbia ardente,
Se no Píndaro viste a aura primeira,
Se nos Alpes ou Etna comburente
Princípio houveste na vital carreira,
Nunca queiras, Leitor, ser delinqüente,
Negando a tua Pátria verdadeira,
Que assim mostras herdaste venturoso
Ânimo heróico, peito generoso.

III

Musa, que no florido de meus anos
Teu furor tantas vezes me inspiraste,
E na idade em que vêm os desenganos
Também sempre fiel me acompanhaste,

Tu, que influxos repartes soberanos
Desse monte Helicon, que já pisaste,
Agora me concede o que te peço,
Para seguir seguro o que começo.

IV

Em o Brasil, Província desejada
Pelo metal luzente, que em si cria,
Que antigamente descoberta e achada
Foi de Cabral, que os mares discorria,
Perto donde está hoje situada
A opulenta e ilustríssima Bahia,
Jaz a ilha chamada Itaparica,
A qual no nome tem também ser rica.

V

Está posta bem defronte da Cidade,
Só três léguas distante, e os moradores
Daquela a esta vêm com brevidade,
Se não faltam do Zéfiro os favores;
E ainda quando com ferocidade
Eolo está mostrando os seus rigores,
Para a Corte navegam, sem que cessem,
E parece que os ventos lhe obedecem.

VI

Por uma e outra parte rodeada
De Netuno se vê tão arrogante,
Que algumas vezes com procela irada
Enfia o melancólico semblante;

E como a tem por sua e tão amada,
Por lhe pagar fiel foros de amante,
Muitas vezes também serenamente
Tem encostado nela o seu Tridente.

VII

Se a Deusa Citeréia conhecera
Desta Ilha celebrada a formosura,
Eu fico que a Netuno prometera
O que a outros negou cruel e dura:
Então de boa mente lhe oferecera
Entre incêndios de fogo a neve pura
E, se de alguma sorte a alcançara,
Por esta a sua Chipre desprezara.

VIII

Pela costa do mar a branca areia
É para a vista objeto delicioso,
Onde passeia a Ninfa Galatéia
Com acompanhamento numeroso;
E quando mais galante se recreia
Com aspecto gentil, donaire airoso,
Começa a semear das roupas belas
Conchinhas brancas, ruivas e amarelas.

IX

Aqui se cria o peixe copioso,
E os vastos pescadores em saveiros
Não receando o Elemento undoso,
Neste exercício estão dias inteiros;

E, quando Áquilo e Bóreas proceloso,
Com fúria os acomete, eles ligeiros
Colhendo as velas brancas ou vermelhas,
Se acomodam cos remos em parelhas.

X

Neste porém marítimo regalo,
Uns as redes estendem diligentes,
Outros com força, indústria e intervalo
Estão batendo as ondas transparentes:
Outros noutro baixel sem muito abalo
Levantam cobiçosos e contentes
Uma rede, que chamam Zangareia,
Para os saltantes peixes forte teia.

XI

Qual aranha sagaz e ardilosa,
Nos ares forma com sutil fio
Um labirinto tal, que a cautelosa
Mosca nele ficou sem alvedrio,
E assim com esta manha industriosa
Da mísera vem ter o senhorio,
Tais são com esta rede os pescadores
Para prender os mudos nadadores.

XII

Outros também por modo diferente,
Tendo as redes lançadas em seu seio,
Nas coroas estão postos firmemente,
Sem que tenham do pélago receio:

Cada qual puxa as cordas diligente,
E os peixes vão fugindo para o meio,
Té que os impulsos do robusto braço
Vêm a colher os míseros no laço.

XIII

Nos baixos do mar outros tarrafando,
Alerta a vista e os passos vagarosos,
Vão uns pequenos peixes apanhando,
Que para o gosto são deliciosos:
Em canoas também de quando em quando
Fisgam no anzol alguns, que por gulosos
Ficam perdendo aqui as próprias vidas,
Sem o exemplo quererem ter de Midas.

XIV

Aqui se acha o marisco saboroso,
Em grande cópia e de casta vária,
Que, para saciar ao apetitoso,
Não se duvida é coisa necessária:
Também se cria o lagostim gostoso,
Junto co'a ostra, que, por ordinária,
Não é muito estimada, porém antes
Em tudo cede aos polvos radiantes.

XV

Os camarões não fiquem esquecidos,
Que tendo crus a cor pouco vistosa,
Logo vestem depois que são cozidos
A cor do nácar ou da Tíria rosa:

Os cranguejos nos mangues escondidos
Se mariscam sem arte industriosa,
Búzios também se vêem, de musgo sujos,
Cernambis, mexilhões e caramujos.

XVI

Também pertence aqui dizer ousado
Daquele peixe, que entre a fauce escura
O Profeta tragou Jonas sagrado,
Fazendo-lhe no ventre a sepultura;
Porém, sendo do Altíssimo mandado,
O tornou a lançar são sem lesura
(Conforme nos afirma a Antigüidade)
Em as praias de Nínive Cidade.

XVII

Monstro do mar, Gigante do profundo,
Uma torre nas ondas soçobrada,
Que parece em todo o âmbito rotundo
Jamais besta tão grande foi criada:
Os mares despedaça furibundo
Co'a barbatana às vezes levantada,
Cujos membros tetérrimos e broncos
Fazem a Tétis dar gemidos roncos.

XVIII

Baleia vulgarmente lhe chamamos,
Que, como só a esta Ilha se sujeita,
Por isso de direito a não deixamos,
Por ser em tudo a descrição perfeita;

E, para que bem claro percebamos,
O como a pescaria dela é feita,
Quero dar com estudo não ocioso
Esta breve notícia ao curioso.

XIX

Tanto que chega o tempo decretado,
Que este peixe do vento Austro é movido,
Estando à vista de Terra já chegado,
Cujos sinais Netuno dá ferido,
Em um porto desta Ilha assinalado,
E de todo o preciso prevenido,
Estão umas lanchas leves e veleiras,
Que se fazem cos remos mais ligeiras.

XX

Os Nautas são etíopes robustos,
E outros mais do sangue misturado,
Alguns Mestiços em a cor adustos,
Cada qual pelo esforço assinalado:
Outro ali vai também, que, sem ter sustos,
Leva o arpão da corda pendurado,
Também um, que no ofício a Glauco ofusca,
E para isto Brásilo se busca.

XXI

Assim partem intrépidos, sulcando
Os palácios da linda Panopéia,
Com cuidado solícito vigiando
Onde ressurge a sólida Baleia.

Ó gente, que furor tão execrando
A um perigo tal te sentenceia?
Como, pequeno bicho, és atrevido
Contra o monstro do mar mais desmedido?

XXII

Como não temes ser despedaçado
De um animal tão feio e tão imundo?
Por que queres ir ser precipitado
Nas íntimas entranhas do profundo?
Não temes, se é que vives em pecado,
Que o Criador do Céu e deste Mundo,
Que tem dos mares todos o governo,
Desse lago te mande ao lago Averno?

XXIII

Lá intentaram fortes os Gigantes
Subir soberbos ao Olimpo puro,
Acometeram outros de ignorantes
O Reino de Plutão horrendo e escuro;
Se estes atrevidos e arrogantes
O castigo tiveram grave e duro,
Corno não temes tu ser castigado
Pelos monstros também do mar salgado?

XXIV

Mas, enquanto com isto me detenho,
O temerário risco admoestando,
Eles de cima do ligeiro lenho
Vão a Baleia horrível avistando:

Pegam nos remos com forçoso empenho
E, todos juntos com furor remando,
A seguem por detrás com tal cautela,
Que imperceptíveis chegam junto dela.

XXV

O arpão farpado tem nas mãos suspenso
Um, que da proa o vai arremessando,
Todos os mais deixando o remo extenso
Se vão na lancha súbito deitando;
E depois que ferido o peixe imenso
O veloz curso vai continuando,
Surge cad'um com fúria e força tanta,
Que como um Anteu forte se levanta.

XXVI

Corre o monstro com tal ferocidade,
Que vai partindo o úmido Elemento,
E lá do pego na concavidade
Parece mostra Tétis sentimento:
Leva a lancha com tal velocidade
E com tão apressado movimento,
Que cá de longe apenas aparece,
Sem que em alguma parte se escondesse.

XXVII

Qual o ligeiro pássaro amarrado
Com um fio sutil, em cuja ponta
Vai um papel pequeno pendurado,
Voa veloz sentindo aquela afronta,

E apenas o papel, que vai atado,
Se vê pela presteza com que monta,
Tal o peixe afrontado vai correndo,
Em seus membros atada a lancha tendo.

XXVIII

Depois que com o curso dilatado
Algum tanto já vai desfalecendo,
Eles então com força e com cuidado
A corda pouco a pouco vão colhendo;
E tanto que se sente mais chegado,
Ainda com fúria os mares combatendo,
Nos membros moles lhe abre uma rotura
Um novo Aquiles c'ua lança dura.

XXIX

Do golpe sai de sangue uma espadana,
Que vai tingindo o Oceano ambiente,
Com o qual se quebranta a fúria insana
Daquele horrível peixe ou besta ingente;
E sem que pela plaga Americana
Passado tenha de Israel a gente,
A experiência e vista certifica
Que é o Mar Vermelho o mar de Itaparica.

XXX

Aos repetidos rasgos desta lança
A vital aura vai desamparando,
Té que fenece o monstro sem tardança,
Que antes andava os mares açoitando:

Eles, puxando a corda com pujança,
O vão da lancha mais perto arrastando,
Que se lhe fiou Cloto o longo fio,
Agora o colhe Láquesis com brio.

XXXI

Eis agora também no mar saltando
O que de Glauco tem a habilidade,
Com um agudo ferro vai furando
Dos queixos a voraz monstruosidade:
Com um cordel depois, grosso e não brando,
Da boca cerra-lhe a concavidade,
Que se o mar sorve no gasnate fundo
Busca logo as entranhas do profundo.

XXXII

Tanto que a presa tem bem sojugada,
Um sinal branco lançam vitoriosos,
E outra lancha para isto decretada
Vem socorrer com cabos mais forçosos:
Uma e outra se parte emparelhada,
Indo à vela ou cos remos furiosos,
E pelo mar serenas navegando
Para terra se vão endireitando.

XXXIII

Cada um se mostra no remar constante,
Se lhe não tem o Zéfiro assoprado,
E com fadigas e suor bastante
Vem a tomar o porto desejado.

Deste em espaço não muito distante,
Em o terreno mais acomodado
Uma Trusátil máquina está posta
Só para esta função aqui deposta.

XXXIV

O pé surge da terra para fora
Uma versátil roda sustentando,
Em cujo âmbito longo se encoscora
Uma amarra, que a vai arrodeando:
A esta mesma roda cá de fora
Homens dez vezes cinco estão virando,
E quanto mais a corda se repuxa,
Tanto mais para a terra o peixe puxa.

XXXV

Assim com esta indústria vão fazendo
Que se chegue ao lugar determinado,
E as enchentes Netuno recolhendo,
Vão subindo por um e outro lado:
Outros em borbotão já vêm trazendo
Facas luzidas e o braçal machado,
E cada qual ligeiro se aparelha
Para o que seu ofício lhe aconselha.

XXXVI

Assim dispostos uns, que África cria,
Dos membros nus o couro denegrido,
Os quais queimou Faeton, quando descia
Do terrífico raio submergido,

Com algazarra muita e gritaria,
Fazendo os instrumentos grão ruído,
Uns aos outros em ordem vão seguindo,
E os adiposos lombos dividindo.

XXXVII

O povo que se ajunta é infinito,
E ali têm muitos sua dignidade,
Os outros vêm do Comarcão distrito
E despovoam parte da Cidade:
Retumba o ar com o contínuo grito,
 Soa das penhas a concavidade,
E entre eles todos tal furor se acende,
Que às vezes um ao outro não se entende.

XXXVIII

Qual em Babel o povo, que atrevido
Tentou subir ao Olimpo transparente,
Cujo idioma próprio pervertido
Foi numa condusão balbuciente,
Tal nesta torre ou monstro desmedido,
Levanta as vozes a confusa gente,
Que seguindo cad'um diverso dogma
Falar parece então noutro idioma.

XXXIX

Desta maneiora o peixe se reparte
Por toda aquela cobiçosa gente,
Cabendo a cada qual aquela parte,
Que lhe foi consignada do regente:

As banhas todas se depõem à parte,
Que juntas formam um acervo ingente,
Das quais se faz azeite em grande cópia,
Do que esta Terra não padece inópia.

XL

Em vasos de metal largos e fundos
O estão com fortes chamas derretendo
De uns pedaços pequenos e fecundos,
Que o fluido licor vão escorrendo:
São uns feios Etíopes e imundos,
Os que estão este ofício vil fazendo,
Cujos membros de azeite andam untados,
Daquelas cirandagens salpicados.

XLI

Este peixe, este monstro agigantado,
Por ser tão grande, tem valia tanta,
Que o valor a que chega costumado
Até quase mil áureos se levanta.
Quem de ouvir tanto não sai admirado?
Quem de um peixe tão grande não se espanta?
Mas enquanto o Leitor fica pasmando,
Eu vou diversas cousas relatando.

XLII

Em um extremo desta mesma Terra
Está um forte soberbo fabricado,
Cuja bombarda ou máquina de guerra,
Abala a Ilha de um e outro lado:

Tão grande fortaleza em si encerra
De artilharia e esforço tão sobrado,
Que, retumbando o bronze furibundo,
Faz ameaço à terra, ao mar, ao Mundo.

XLIII

Não há nesta Ilha engenho fabricado
Dos que o açúcar fazem saboroso,
Porque um, que ainda estava levantado,
Fez nele o seu ofício o tempo iroso:
Outros houve também, que o duro fado
Por terra pôs, cruel e rigoroso,
E ainda hoje um, que foi mais soberano,
Pendura as cinzas por painel Troiano.

XLIV

Claras as águas são e transparentes,
Que de si manam copiosas fontes,
Umas regam os vales adjacentes,
Outras descendo vêm dos altos montes;
E, quando com seus raios refulgentes,
As doura Febo abrindo os Horizontes,
Tão cristalinas são, que aqui difusa
Parece nasce a fonte da Aretusa.

XLV

Pela relva do campo mais viçoso,
O gado junto e pingue anda pastando,
O roubador de Europa furioso,
E o que deu o véu de ouro em outro bando,

O bruto de Netuno generoso
Vai as areias soltas levantando,
E nos bosques as feras Ateonéias
A República trilham das Napéias.

XLVI

Aqui o campo florido se semeia
De brancas açucenas e boninas,
Ali no prado a rosa mais franqueia
Olorizando as horas matutinas:
E, quando Clóris mais se galanteia,
Dando da face exalações divinas,
Dos ramos no regaço vai colhendo
O clavel e o jasmim, que está pendendo.

XLVII

As frutas se produzem copiosas,
De várias castas e de várias cores,
Umas se estimam muito por cheirosas,
Outras levam vantagem nos sabores:
São tão belas, tão lindas e formosas,
Que estão causando à vista mil amores,
E, se nos prados Flora mais blasona,
São os pomares glória de Pomona.

XLVIII

Entre elas todas têm lugar subido
As uvas doces, que esta Terra cria,
De tal sorte, que, em número crescido,
Participa de muitas a Bahia:

Este fruto se gera apetecido
Duas vezes no ano sem porfia,
E por isso é do povo celebrado
E em toda a parte sempre nomeado.

XLIX

Os coqueiros compridos e vistosos
Estão por reta série ali plantados,
Criam cocos galhardos e formosos,
E, por maiores, são mais estimados:
Produzem-se nas praias copiosos,
E, por isso os daqui mais procurados,
Cedem na vastidão à bananeira,
A qual cresce e produz desta maneira.

L

De urna lança ao tamanho se levanta,
Estúpeo e roliço o tronco tendo,
As lisas folhas têm grandeza tanta,
Que até mais de onze palmos vão crescendo:
Da raiz se lhe erige nova planta,
Que está o parto futuro prometendo,
E assim que o fruto lhe sazona e cresce,
Como das plantas víbora fenece.

LI

Os limões doces muito apetecidos
Estão Virgíneas tetas imitando,
E, quando se vêem crespos e crescidos,
Vão as mãos curiosas incitando:

Em árvores copadas, que estendidos
Os galhos têm, e as ramas arrastando,
Se produzem as cidras amarelas,
Sendo tão presumidas como belas.

LII

A laranjeira tem no fruto louro
A imitação dos pomos de Atalanta,
E pela cor, que em si conserva de ouro,
Por isso estimação merece tanta:
Abre a romã da casca o seu tesouro,
Que do rubi a cor flamante espanta,
E quanto mais os bagos vai fendendo,
Tanto vai mais formosa parecendo.

LIII

Os melões excelentes e olorosos
Fazem dos próprios ramos galaria:
Também estende os seus muito viçosos
A pevidosa e doce melancia:
Os figos de cor roxa graciosos
Poucos se logram, salvo se à porfia
Se defendem de que com os biquinhos
Os vão picando os leves passarinhos.

LIV

No ananás se vê como formada
Uma coroa de espinhos graciosa,
A superfície tendo matizada
Da cor que Citeréia deu à rosa;

E, sustentando a c'roa levantada,
Junto coa vestidura decorosa,
Está mostrando tanta gravidade,
Que as frutas lhe tributam Majestade.

LV

Também entre as mais frutas as jaqueiras
Dão pelo tronco a jaca adocicada,
Que vindo lá de partes estrangeiras
Nesta Província é fruta desejada:
Não fiquem esquecidas as mangueiras,
Que dão a manga muito celebrada,
Pomo não só ao gosto delicioso,
Mas para o cheiro almíscar oloroso.

LVI

Inumeráveis são os cajus belos,
Que estão dando prazer por rubicundos,
Na cor também há muitos amarelos,
E uns e outros ao gosto são jucundos;
E só bastava para apetecê-los
Serem além de doces tão fecundos,
Que em si têm a Brasílica castanha
Mais saborosa que a que cria Espanha.

LVII

Os araçás diversos e silvestres,
Uns são pequenos, outros são maiores:
Oitis, cajás, pitangas, por agrestes,
Estimadas não são dos moradores:

Aos maracujás chamar quero celestes,
Porque contém no gosto tais primores,
Que se os Antigos na Ásia os encontraram,
Que era o néctar de Jove imaginaram.

LVIII

Outras frutas dissera, mas agora
Têm lugar os legumes saborosos,
Porém por não fazer nisto demora
Deixo esta explicação aos curiosos;
Mas contudo dizer quero por ora
Que produz esta Terra copiosos
Mandioca, inhames, favas e carás,
Batatas, milho, arroz e mangarás.

LIX

O arvoredo desta Ilha rica e bela
Em circuito toda vai ornando,
De tal maneira, que só basta vê-la
Quando já está alegrias convidando:
Os passarinhos que se criam nela
De raminho em raminho andam cantando,
E nos bosques e brenhas não se engana
Quem exercita o ofício de Diana.

LX

Tem duas Freguesias muito extensas
Das quais uma Matriz mais soberana
Se dedica ao Redentor, que a expensas
De seu Sangue remiu a prole humanal;

E ainda que do tempo sinta ofensas
A devoção com ela não se engana,
Porque tem uma Imagem milagrosa
Da Santa Vera-Cruz para ditosa.

LXI

A Santo Amaro a outra se dedica,
A quem venerações o povo rende,
Sendo tão grande a Ilha Itaparica,
Que a uma só Paróquia não se estende:
Mas com estas igrejas só não fica,
Porque Capelas muitas compreende,
E nisto mostram seus habitadores
Como dos Santos são veneradores.

LXII

Dedica-se a primeira àquele Santo
Mártir, que em vivas chamas foi aflito,
E ao Tirano causou terror e espanto,
Quando por Cristo foi assado e frito.
Também não fique fora de meu canto
Uma que se consagra a João bendito
E outra (correndo a Costa para baixo)
Que à Senhora se dá do Bom Despacho.

LXIII

Outra a Antonio Santo e glorioso
Tem por seu Padroeiro e Advogado,
Está fundada num sítio delicioso,
Que por esta Capela é mais amado.

Em um terreno alegre e gracioso
Outra se fabricou de muito agrado,
Das Mercês à Senhora verdadeira
É desta Capelinha a Padroeira.

LXIV

Também outra se vê, que é dedicada
À Senhora da penha milagrosa,
A qual airosamente situada
Está numa planície especiosa.
Uma também de São José chamada
Há nesta Ilha, por certo gloriosa,
Junta com outra de João, que, sendo
Duas, se vai de todo engrandecendo.

LXV

Até aqui, Musa: não me é permitido
Que passe mais avante a veloz pena,
A minha Pátria tenho definido
Com esta descrição breve e pequena;
E, se o tê-la tão pouco engrandecido
Não me louva, mas antes me condena,
Não usei termos de Poeta esperto,
Fui historiador em tudo certo.

Antologia dos poetas brasileiros da fase colonial, Sérgio
Buarque de Holanda, vol. I. Rio de Janeiro: Departa-
mento de Imprensa Nacional, 1955, p. 170-93.
Florilégio da poesia brasileira, Francisco Adolfo Varnhagen.
Lisboa: Imprensa Nacional, 1850. p. 157-75.

ÍNDICE

Raízes	7
José de Anchieta	39
Do Santíssimo Sacramento	41
Em Deus, Meu Criador	48
Quando, no Espírito Santo, se Recebeu uma Relíquia das Onze Mil Virgens	49
Bento Teixeira	61
Prosopopéia	63
Gregório de Matos	97
Reprovações	99
Juízo Anatômico dos Achaques Que Padecia o Corpo da República em Todos os Membros e Inteira Definição do Que em Todos os Tempos É a Bahia	103
Descreve o Poeta, Racional e Verdadeiramente Queixoso, os Extravagantes Meios com Que os Estranhos Dominam Indignamente sobre os Naturais na Sua Pátria	106
Despede-se o Poeta da Bahia, Quando Foi Degredado para Angola	113
À Cidade da Bahia	117
À Cidade da Bahia por Consoantes Que se Deram Forçados	117

Descreve a Ilha de Itaparica com Sua Aprazível Fertilidade e Louva de Caminho ao Capitão Luís Carneiro, Homem Honrado e Liberal, em Cuja Casa se Hospedou	118
Retrato do Governador Antônio de Sousa de Menezes, o Chamado "Braço de Prata"	119
A um Capitão de Infantaria Que Acharam em Colóquio Amoroso com uma Preta	123
Retrato Feito a uma Preta Crioula Chamada Francisca	124
Necessidades Forçosas da Natureza Humana	128
Aos Amores do Autor com Dona Brites	128
À Amásia deste Sujeito Que, Fiada no Seu Respeito, se Fazia Soberba e Desavergonhada	129
A uma Freira Que Chamara Pica-Flor ao Poeta	131
Às Religiosas Que, em uma Festividade Que Celebraram, Lançaram a Voar Vários Passarinhos	131
Aos Mesmos Caramurus	132
Segue Neste Soneto a Máxima de Bem Viver, Que É Envolver-se na Confusão dos Néscios para Passar Melhor a Vida	132

Desaires da Formosura com
as Pensões da Natureza
Ponderadas na Mesma Dama 133

À Maria dos Povos, Sua Futura
Esposa 134

Aos Afetos e Lágrimas
Derramadas na Ausência da
Dama a Quem Queria Bem 135

Retrato de D. Brites, uma
Formosa Dama na Bahia,
de Quem o Autor se Namorou
e Tratou Vários Tempos 135

No Dia de Quarta-feira de Cinzas 138

Achando-se um Braço Perdido
do Menino Deus de
N. Senhora das Maravilhas,
Que Desacataram Infiéis na
Sé da Bahia 139

A Jesus Cristo Nosso Senhor 140

Ao Mesmo Assunto 140

A Jesus Cristo Crucificado,
Estando o Poeta para Morrer 141

À Morte do Famigerado Lusitano,
o Grande Padre Antônio Vieira 142

Ao Mesmo Desembargador
Belchior da Cunha Brochado 143

Manuel Botelho de Oliveira 144

Anarda Invocada 146

Persuade a Anarda Que Ame 146

Sol e Anarda 147

Vendo a Anarda Depõe o
Sentimento 148

Ponderação do Rosto e Olhos
de Anarda 149

Ponderação do Tejo com Anarda 149

Anarda Esculpida no Coração
Lagrimoso 150

Rosa e Anarda 151

Navegação Amorosa 151

Pesca Amorosa 152

Ponderação do Rosto e
Sobrancelhas de Anarda 152

Sepulcro Amoroso 152

Anarda Vendo-se a um Espelho 153

Teme Que Seu Amor Não Possa
Encobrir-se 153

Sono Pouco Permanente 154

Cravo na Boca de Anarda 154

Rosa na Mão de Anarda
Envergonhada 155

Eco de Anarda 155

Anarda Doente 156

Anarda Colhendo Neve 158

À Morte Felicíssima de um
Javali pelo Tiro, Que nele
Fez uma Infanta de Portugal 159

A um Grande Sujeito Invejado
e Aplaudido 160

A Morte do Reverendo Padre
Antônio Vieira 160

À Ilha de Maré Termo desta
Cidade da Bahia 161

Sebastião da Rocha Pita 173

Ao Sereníssimo Senhor Rei
D. João V, no Grande Empenho
com Que Protege e Exalta as
Letras. Assunto Heróico da
Nossa Academia Brasílica 175

Em Louvor do Excelentíssimo
Senhor Vasco Fernandes César
de Meneses, Vice-rei e
Capitão Geral de Mar e Terra
deste Estado, Instituidor e
Protetor de Nossa Academia
Brasílica, Que se Faz em Palácio
na Sua Presença   176
Em Louvor da Nossa Academia
com o Título dos Esquecidos   177
Em Louvor da Nossa Academia
com o Título de Brasílica   177
Ao Senhor Doutor José da Cunha
Cardoso, Meritíssimo Secretário
da Nossa Academia   178
Sobre a Empresa da Academia,
o Sol Nascido no Ocidente   179
Repente ao Qual Deram Assunto
os Acidentes do Tempo e as
Circunstâncias do Dia 23 de
Abril (Conjunção da Lua Nova)
em Que se Abre a Nossa
Academia Brasílica   180
Em Louvor da Nossa Academia,
Compreendendo os Assuntos
dos Seis Sonetos Antecedentes 181
Um Belo Menino Brincando em
um Jardim com Flores, o
Mordeu um Áspide e Logo
Morreu. Assunto Lírico da
Presente Academia   184
Ao Mesmo Assunto Lírico,
Falando com o Áspide   186
Tomando uma Dama na Boca
umas Pérolas, se lhe

Quebraram Alguns Dentes.
Assunto Lírico da
Presente Academia   187
Quem Cala Vence. Assunto
Heróico da Presente
Conferência   188
Amor com Amor se Paga e Amor
com Amor se Apaga. Assunto
Lírico da Presente Conferência   189

Anastácio Ayres de Penhafiel   190

A uma Dama Desdentada Que
Não Falava por Não Mostrar
o Seu Defeito   192
Labirinto Cúbico   193

Gonçalo Soares da Franca   194

Ao Senhor Doutor José da Cunha
Cardoso, Meritíssimo Secretário
da Nossa Academia, Oferece
Mais a Verdade Que o Afeto
(Não Sendo Pequeno), o
Elogio deste Soneto   196
Assunto Lírico: a uma
Dama Que, Perdendo um
Grande Bem, se Lembrava
Muito de se Esquecer dele   197

**Frei Manuel de Santa Maria
Itaparica   198**

Descrição da Ilha de Itaparica
Termo da Cidade da Bahia   20

COLEÇÃO MELHORES POEMAS

CASTRO ALVES
Seleção e prefácio de Lêdo Ivo

LÊDO IVO
Seleção e prefácio de Sergio Alves Peixoto

FERREIRA GULLAR
Seleção e prefácio de Alfredo Bosi

MARIO QUINTANA
Seleção e prefácio de Fausto Cunha

CARLOS PENA FILHO
Seleção e prefácio de Edilberto Coutinho

TOMÁS ANTÔNIO GONZAGA
Seleção e prefácio de Alexandre Eulalio

MANUEL BANDEIRA
Seleção e prefácio de Francisco de Assis Barbosa

CECÍLIA MEIRELES
Seleção e prefácio de Maria Fernanda

CARLOS NEJAR
Seleção e prefácio de Léo Gilson Ribeiro

LUÍS DE CAMÕES
Seleção e prefácio de Leodegário A. de Azevedo Filho

GREGÓRIO DE MATOS
Seleção e prefácio de Darcy Damasceno

ÁLVARES DE AZEVEDO
Seleção e prefácio de Antonio Candido

MÁRIO FAUSTINO
Seleção e prefácio de Benedito Nunes

ALPHONSUS DE GUIMARAENS
Seleção e prefácio de Alphonsus de Guimaraens Filho

OLAVO BILAC
Seleção e prefácio de Marisa Lajolo

JOÃO CABRAL DE MELO NETO
Seleção e prefácio de Antonio Carlos Secchin

FERNANDO PESSOA
Seleção e prefácio de Teresa Rita Lopes

AUGUSTO DOS ANJOS
Seleção e prefácio de José Paulo Paes

BOCAGE
Seleção e prefácio de Cleonice Berardinelli

MÁRIO DE ANDRADE
Seleção e prefácio de Gilda de Mello e Souza

PAULO MENDES CAMPOS
Seleção e prefácio de Guilhermino César

LUÍS DELFINO
Seleção e prefácio de Lauro Junkes

GONÇALVES DIAS
Seleção e prefácio de José Carlos Garbuglio

AFFONSO ROMANO DE SANT'ANNA
Seleção e prefácio de Donaldo Schüler

HAROLDO DE CAMPOS
Seleção e prefácio de Inês Oseki-Dépré

GILBERTO MENDONÇA TELES
Seleção e prefácio de Luiz Busatto

GUILHERME DE ALMEIDA
Seleção e prefácio de Carlos Vogt

JORGE DE LIMA
Seleção e prefácio de Gilberto Mendonça Teles

CASIMIRO DE ABREU
Seleção e prefácio de Rubem Braga

MURILO MENDES
Seleção e prefácio de Luciana Stegagno Picchio

PAULO LEMINSKI
Seleção e prefácio de Fred Góes e Álvaro Marins

RAIMUNDO CORREIA
Seleção e prefácio de Telenia Hill

CRUZ E SOUSA
Seleção e prefácio de Flávio Aguiar

DANTE MILANO
Seleção e prefácio de Ivan Junqueira

JOSÉ PAULO PAES
Seleção e prefácio de Davi Arrigucci Jr.

CLÁUDIO MANUEL DA COSTA
Seleção e prefácio de Francisco Iglésias

MACHADO DE ASSIS
Seleção e prefácio de Alexei Bueno

HENRIQUETA LISBOA
Seleção e prefácio de Fábio Lucas

AUGUSTO MEYER
Seleção e prefácio de Tania Franco Carvalhal

RIBEIRO COUTO
Seleção e prefácio de José Almino

RAUL DE LEONI
Seleção e prefácio de Pedro Lyra

ALVARENGA PEIXOTO
Seleção e prefácio de Antonio Arnoni Prado

CASSIANO RICARDO
Seleção e prefácio de Luiza Franco Moreira

BUENO DE RIVERA
Seleção e prefácio de Affonso Romano de Sant'Anna

IVAN JUNQUEIRA
Seleção e prefácio de Ricardo Thomé

CORA CORALINA
Seleção e prefácio de Darcy França Denófrio

ANTERO DE QUENTAL
Seleção e prefácio de Benjamin Abdalla Junior

NAURO MACHADO
Seleção e prefácio de Hildeberto Barbosa Filho

FAGUNDES VARELA
Seleção e prefácio de Antonio Carlos Secchin

CESÁRIO VERDE
Seleção e prefácio de Leyla Perrone-Moisés

FLORBELA ESPANCA
Seleção e prefácio de Zina Bellodi

VICENTE DE CARVALHO
Seleção e prefácio de Cláudio Murilo Leal

PATATIVA DO ASSARÉ
Seleção e prefácio de Cláudio Portella

ALBERTO DA COSTA E SILVA
Seleção e prefácio de André Seffrin

ALBERTO DE OLIVEIRA
Seleção e prefácio de Sânzio de Azevedo

WALMIR AYALA
Seleção e prefácio de Marco Lucchesi

ALPHONSUS DE GUIMARAENS FILHO*
Seleção e prefácio de Afonso Henriques Neto

ARMANDO FREITAS FILHO*
Seleção e prefácio de Heloísa Buarque de Hollanda

ÁLVARO ALVES DE FARIA*
Seleção e prefácio de Carlos Felipe Moisés

MÁRIO DE SÁ-CARNEIRO*
Seleção e prefácio de Lucila Nogueira

SOUSÂNDRADE*
Seleção e prefácio de Adriano Espínola

LUIZ DE MIRANDA*
Seleção e prefácio de Regina Zilbermann

PRELO*

COLEÇÃO MELHORES CONTOS

ANÍBAL MACHADO
Seleção e prefácio de Antonio Dimas

LYGIA FAGUNDES TELLES
Seleção e prefácio de Eduardo Portella

BRENO ACCIOLY
Seleção e prefácio de Ricardo Ramos

MARQUES REBELO
Seleção e prefácio de Ary Quintella

MOACYR SCLIAR
Seleção e prefácio de Regina Zilbermann

MACHADO DE ASSIS
Seleção e prefácio de Domício Proença Filho

HERBERTO SALES
Seleção e prefácio de Judith Grossmann

RUBEM BRAGA
Seleção e prefácio de Davi Arrigucci Jr.

LIMA BARRETO
Seleção e prefácio de Francisco de Assis Barbosa

JOÃO ANTÔNIO
Seleção e prefácio de Antônio Hohlfeldt

EÇA DE QUEIRÓS
Seleção e prefácio de Herberto Sales

MÁRIO DE ANDRADE
Seleção e prefácio de Telê Ancona Lopez

LUIZ VILELA
Seleção e prefácio de Wilson Martins

J. J. VEIGA
Seleção e prefácio de J. Aderaldo Castello

JOÃO DO RIO
Seleção e prefácio de Helena Parente Cunha

IGNÁCIO DE LOYOLA BRANDÃO
Seleção e prefácio de Deonísio da Silva

LÊDO IVO
Seleção e prefácio de Afrânio Coutinho

RICARDO RAMOS
Seleção e prefácio de Bella Jozef

MARCOS REY
Seleção e prefácio de Fábio Lucas

SIMÕES LOPES NETO
Seleção e prefácio de Dionísio Toledo

HERMILO BORBA FILHO
Seleção e prefácio de Silvio Roberto de Oliveira

BERNARDO ÉLIS
Seleção e prefácio de Gilberto Mendonça Teles

AUTRAN DOURADO
Seleção e prefácio de João Luiz Lafetá

JOEL SILVEIRA
Seleção e prefácio de Lêdo Ivo

JOÃO ALPHONSUS
Seleção e prefácio de Afonso Henriques Neto

ARTUR AZEVEDO
Seleção e prefácio de Antonio Martins de Araújo

RIBEIRO COUTO
Seleção e prefácio de Alberto Venancio Filho

OSMAN LINS
Seleção e prefácio de Sandra Nitrini

ORÍGENES LESSA
Seleção e prefácio de Glória Pondé

DOMINGOS PELLEGRINI
Seleção e prefácio de Miguel Sanches Neto

CAIO FERNANDO ABREU
Seleção e prefácio de Marcelo Secron Bessa

EDLA VAN STEEN
Seleção e prefácio de Antonio Carlos Secchin

FAUSTO WOLFF
Seleção e prefácio de André Seffrin

AURÉLIO BUARQUE DE HOLANDA
Seleção e prefácio de Luciano Rosa

ALUÍSIO AZEVEDO
Seleção e prefácio de Ubiratan Machado

ARY QUINTELLA *
Seleção e prefácio de Mônica Rector

PRELO *

Impresso nas oficinas da
Gráfica Palas Athena